Kryon

Ein Kurs in Liebe

Barbara Bessen

Kryon

Ein Kurs in Liebe

Band eins

Edition Sternenprinz
im Hans-Nietsch-Verlag

Umschlaggestaltung: Peter Krafft
Innenlayout und Satz: Hans-Jürgen Maurer

Edition Sternenprinz im Hans-Nietsch-Verlag
Postfach 228, D-79002 Freiburg

www.nietsch.de
info@nietsch.de

ISBN 978-3-939570-12-7

Inhalt

Liebe Kryon-Freunde!

Willkommen in der Kryonenergie! Ich freue mich, dass Sie sich bei uns einklinken möchten, um eine Handvoll Kryon und mehr in Ihr Leben fließen zu lassen. Ich kann dies nur wärmstens empfehlen. Kryon hat mein Leben mit all seinen Informationen, Ideen und Energien völlig auf den Kopf gestellt. Ich hab dies sehr gern geschehen lassen.

Kryon lädt uns zu einer Trilogie ein; Drei aufeinanderfolgende Bücher werden uns tiefer in unsere göttliche Wahrheit geleiten. Diesen ersten Band nennt Kryon „Das Erwachen". Damit möchte er sicherlich vermitteln, dass viele der großen Wesenheiten, die wir sind, noch schlafen oder nur leicht blinzeln. Es ist Zeit, die Augen zu öffnen und bewusst in das Leben zu schauen und es auch zu leben.

Viel verändert sich auf dem Planeten, auf unserer geliebten Mutter Erde. Wir sind ein Teil der Erde und gehen mit ihr in diese Veränderungen. Es ist unsere Aufgabe, bewusst all das Neue, das jetzt in unser Leben treten möchte, anzuschauen und anzunehmen. Wellen hoher Energie durchfluten die Erde und uns Menschen. Was wir mit diesen fantastischen Energiepotenzialen tun, entscheiden wir. Ich freue mich, dass ich damit die Chance habe, noch mehr Altes zu entlassen, und die Neue Energie mir als Kraftreservoir für die nächsten Schritte zur Verfügung steht, die mein Leben befruchten wollen. Ich hoffe, Sie nehmen diese Einladung, sich in die Neue Energie und die Wellen der Liebe einzuklinken, freudig an. Möge sie auch bei Ihnen viel in Bewegung bringen für Ihre neuen Schritte.

Dieses Buch ist wie ein Kurs aufgebaut. Kryon erzählt uns etwas zu einem bestimmten Thema, und passend dazu gibt's im Anschluss Übungen. Danach erlaube ich mir, Sie jeweils an meinen Erfahrungen teilhaben zu lassen. In welcher Reihenfolge sie sich den Themen widmen, bleibt selbstverständlich Ihnen überlassen. Wenn Sie noch etwas unsicher im Visualisieren sind und die geistige Kommunikation Ihnen noch etwas schwerfällt, empfehle ich Ihnen, die Kapitel und Übungen zu diesen Themen als erste zu wählen. Irdische Zertifikate und Abschlussprüfungen gibt's in diesem Kurs nicht, stattdessen ein paar göttliche Geschenke, die uns feierlich überreicht werden: Die einer inniglichen Verbindung zum Goldenen Engel, dem Höheren Selbst, der Genuss der puren Liebe von Allem-was-ist und die damit verbundene eigene Bewusstseinsveränderung. Das, so vermittelt uns Kryon, ist unser Aufstieg, von dem so viel gesprochen wird.

Ich wünsche Ihnen viel Freude beim Lesen und Eintauchen in die Neue Energie. Kryon ist ein weiser Lehrer, ein Träger und Vermittler der göttlichen Kraft und Liebe.

Genießen Sie seine geschwisterliche Fürsorge!

Herzlich
Ihre *Barbara Bessen*

Geliebtes erwachendes Menschenwesen!

Wie schön, dass du mich wieder einmal besuchst. Ich habe dich schon kommen sehen und alles für eine kurze oder längere Zeit, die wir miteinander teilen werden, vorbereitet. Ich kenne dich, ich weiß, wer du wirklich bist.

Nimm Platz und fühle dich wohl in dem geschützten Raum der Jetzt-Zeit. Ich bin dein älterer Bruder, ich bin der, der dich schon lange auf deinem Erdabenteuer begleitet. Wir treffen uns jetzt hier, um gemeinsam das Experiment Erde näher zu beleuchten und dich erkennen zu lassen, dass der Weg nun ein anderer ist. Der Weg der Erde und dein Weg.

Lass uns gemeinsam tief eintauchen in das Abenteuer Erde, lass uns Mutter Gaia besuchen und einige der alten Zivilisationen. Unsere Besuche dienen nicht der Neugierde, sondern wir wollen bewusst eintauchen in die (für dich scheinbar) alten Zeiten, um dich erkennen zu lassen, wer du wirklich bist. Es ist wie das Erwachen aus einem langen Schlaf.

Unser gemeinsames Abenteuer beinhaltet auch die weitere Erkundung deines ganzen Seins. Dies ist verbunden mit einigen Übungen, die du gezielt einsetzen oder locker in deinen Alltag einbinden kannst.

Ich möchte deine Verbindung zur geistigen Welt für dich irdisch erfahrbar machen. Du bist immer mit deinen höheren Ebenen des Seins verbunden, aber meist unbewusst.

Ich nehme dich an die Hand und beschreite mit dir deinen

Weg in die geistige Welt. Dies dient deiner Reifung, denn je mehr Licht du in dich hineinlässt, und das tust du, wenn du geistig Verbindung zu höheren Ebenen aufnimmst, desto lichter wirst du. Deine Zellen werden dieses Licht aufsaugen und wissen: Die Heimreise beginnt. Packen wir die Koffer, die Fanfaren der Quelle haben gerufen. Oder brauchst du vielleicht gar kein Gepäck für die Reise ins Licht?

Wisse, du bist nie allein. Deine Familie, dein Höheres Selbst und Kryon sind bei dir. Was soll dir da schon geschehen? In viel Liebe möchten wir dich sanft betten für deinen weiteren Weg, das ist unsere liebste Aufgabe. Hast du Lust, ein Stück des Weges gemeinsam mit mir zu gehen?

Ich bin in tiefer Liebe zu dir

Kryon

Teil 1

Gaia, dein irdisches Zuhause

1

Das Erwachen

Liebe Freunde, willkommen im Reich des Erwachens. Ein Reich, das in tiefer Liebe und Achtung eingerichtet ist, persönlich für dich, wie eine kleine Wohnung, die dir für eine außergewöhnliche Zeit und einen besonderen Zweck dient. Du kennst dies sicher von deinen Ferien oder Phasen des Rückzugs. Ich beziehungsweise wir, das sind deine Helfer, die geistig immer um dich herum sind, schaffen dir einen geschützten Rahmen für diese Zeit des Lesens und Eintauchens. Er ermöglicht dir, ganz bei dir zu sein. Wir wollen uns gemeinsam den Raum und die Zeit für eine umfangreiche Exkursion nehmen. Diese Exkursion führt dich in Bereiche und Gegenden und Zeiten des Planeten Erde, die du mit deinem Wachbewusstsein nicht kennst. Aber auf der Ebene deiner höheren Anteile weißt du alles darüber. Das, was dir in diesem Buch über den Abenteuerweg der Erde vermittelt wird, ist dir nicht neu. Die Tatsache, dass du dieses Buch zur Hand nimmst, zeigt an, dass du wohl ein Wesen bist, das mit der ersten Welle von Siedlern zur Erde kam. Du bist eine alte weise Seele; Du gingst den Weg deiner Evolution, wie Mutter Erde ihren Weg ging. Du hast dich entwickelt, würdest du sagen. Du hast dich immer wieder auf der Erde inkarniert, um deinen Weg fortzusetzen. Du bist vielleicht ab und zu auf anderen Planeten gewesen, um dort gewisse Lernthemen kennenzulernen und außergewöhnliche Schritte zu gehen. Oder du hast einige Pausen eingelegt, hast dich entspannt und dich von Bewohnern deines Gastplaneten verwöhnen lassen. Denn wo immer du auch warst, dort existierten Wesen, die anders oder weiter entwickelt waren als du. Ich könnte auch sagen: Sie schliefen nicht, sie waren sich ihrer mehr bewusst. Sie boten dir die Möglichkeit, von ihnen zu lernen.

Einige Planeten sind dafür bekannt, dass sich dort bestimmte Dinge besonders gut erlernen lassen. Wenn du die Venus wähltest, wolltest du dich sicher mit den Themen Eigenliebe und Herzensöffnung befassen. Der Planet Pluto steht für tiefe Abnabelungs- und Sterbeprozesse, Selbstfindung und das Integrieren von Schattenbereichen des eigenen Selbst. Der Mars ist eine wunderbare Übungsstätte, wenn es um Macht geht. Alle von euch haben mit dem Thema Macht Erfahrungen gesammelt, die Schattenanteile produzierten. Sie wollen nun bearbeitet, angenommen und integriert werden. Die Menschen aller Zivilisationen, die auf der Erde lebten, wurden mit Machtstrukturen konfrontiert. Vielleicht waren sie Opfer, vielleicht Täter, das ist nicht von Belang.

Auch dir erging es so, denn du bist alles gewesen, alles. Nichts hast du ausgelassen.

Alle Zivilisationen waren kosmischen Zyklen unterworfen. Die Erde hat, wie du sicher weißt, einen Erlebens- und Evolutionszyklus von ca. 26.000 Jahren. Er ist den Zyklen dieses Universums, der Galaxien und Sonnensysteme angepasst. Denn die Erde ist nicht, wie die Wissenschaftler einst behaupteten, der Mittelpunkt der Welt, um den sich alles dreht. Manche früheren Zivilisationen hingegen kannten die kosmischen Rhythmen. Sie trugen Wissen in sich, das von anderen Planeten stammte, natürlich auch von dem, der ihre Heimat war. Sie brachten auch ihre Genetik und ihre Erfahrungen von dort mit, ebenso das Erbgut vieler Pflanzen und Tiere, das zur heutigen Artenvielfalt auf der Erde führte.

Wesen von anderen Planeten kamen zur Erde, ließen sich nieder, experimentierten und herrschten, bis sie feststellten, dass es ihnen nicht entsprach, dauerhaft hier zu leben. Sie spürten, dass dieses Spielfeld der Materie ihre eigene Genetik veränderte, ihr Leben negativ beeinflusste. Sie kamen und gingen. Sie beuteten die Ressourcen der Erde für ihre Zwecke aus. So holten sie sich zum Beispiel Gold. (Dieses Gold ist für einige Spezies aus fernen Galaxien sehr wichtig, da sich ihre Planeten und auch ihre Körper in keinem guten Zustand befinden. Das resultiert aus einem destruktiven Verhalten, das sie sich selbst und ihrer Heimat gegenüber an den Tag legten. Durch Experimente an ihren Körpern und Missbrauch von Energien sind sie und ihre Planeten nicht mehr in der

Lage, sich selbst zu heilen. Gold hat eine bestimmte energetische Struktur, die bei spezieller Aufbereitung fähig ist, diesen Mangel zu beheben.) ´Mithilfe ihrer fortgeschrittenen Technologien machten sie die irdischen Vorhaben an Gold, anderen Metallen und Mineralien, die für sie interessant waren, ausfindig. Und dies sogar aus weiter Entfernung. Sie wussten, dass die Erde aufgrund ihrer außergewöhnlichen Beschaffenheit ausreichende Goldvorkommen besitzt. Du kannst es dir vielleicht nicht so recht vorstellen: Dieser Planet wurde von hohen Wesenheiten so geschaffen, dass man ihn als die Krönung der Schöpfung bezeichnen könnte. Hier versammelten sie eine Vielfalt an physischen Wesen wie auf keinem anderen Planeten. Das Beste von fernen Planeten fand hier neuen Lebensraum. Und die Art des Entwicklungszyklus der Mineralien und anderer irdischer Substanzen ist außergewöhnlich und auf fast keinem anderen Planeten gleich.

Es gibt in diesem Universum, wie überall in der Schöpfung, für alles einen Plan. Nichts ist zufällig. Allerdings gibt es auch einen Spielraum, wie sich alles entwickeln kann. Genauso ist es auf der Erde. Du nennst es den freien Willen. Auch in fernen Zeiten war es so. Der freie Wille impliziert den Freiraum der Schöpfung. Hinter allem, was geschaffen wird, steckt ein Plan, der sich aber variabel entfalten kann, um dann letztlich wieder im ursprünglichen Plan zu münden. Stell es dir wie eine Autobahnschleife vor, eine Abfahrt, die du für eine Pause oder Exkursion benutzt, um dann deine Fahrt auf der Hauptspur fortzusetzen. Du und auch alle Menschen vor dir – dabei spielt es keine Rolle, ob sie schon sehr tief in der Drittdimensionalität verstrickt waren oder sich noch in der Anfangsphase befanden – leben nach diesem Spielmodus. Der freie Wille schafft die Möglichkeit, verschiedene Potenziale auszuprobieren. Das ist das Experiment Erde.

Der Schöpfer hat einen Plan kreiert für den Planeten Erde am Rande dieses Universums. Die Spezies Mensch hat in all ihren Evolutionsstufen den freien Willen bekommen, um die Erfahrungen in allen Formen und Stufen auszukosten, und dann wieder in den Schoß der Einheit zurückzukehren.

Zurück zu dem circa 26.000 Jahre umfassenden Zyklus. Dieser Zyklus ist ein Prozess des Reifens. Die verschiedenen Einflüsse der universellen Abläufe, wie das Einatmen und das Ausatmen des Schöpfers und die daraus entstehenden Strömungen der Universen beeinflussen unsere Entwicklung. Dazu gehören das Entstehen neuer Planeten und Sterne, das Sterben solcher, die Entwicklungsschritte der Sonnensysteme und vieles mehr. Sie haben Zyklen, die mit dem Urzentrum verbunden sind und von ihm gelenkt werden. Sie beeinflussen selbstverständlich auch auf unser Sonnensystem und die Erde. Der Geist, die Urquelle allen Seins denkt, erschafft und lenkt. Immer. Es gibt keinen Stillstand. Diesem schöpferischen Prinzip ist alles unterworfen.

Dies möchte ich dich gern direkt, sozusagen live erfahren lassen. Hast du Lust auf eine kleine Reise?

Schließe einen Moment deine Augen und versetze dich

mit deinem Vorstellungsvermögen und deiner eigenen Schöpferkraft in die Quelle, so wie du dir Gott und die Quelle vorstellst. Und dann lass aus diesem Zentrum eine Ausweitung geschehen und beobachte, wie Universen, Galaxien, Sonnensysteme geboren werden, wachsen, sich entwickeln und wieder vergehen. Ich helfe dir dabei, die Schöpfung im Zeitraffer zu sehen und zu fühlen. Es ist ein ständiges Pulsieren von Leben. Ein Aus- und Einatmen der Schöpfung. Bombastisch, nicht wahr? Ja, so kannst du es dir vorstellen. Genieße einen Moment die Verbundenheit zu der Schöpfung.

Es ist nicht meine Absicht, dir in diesem Buch die wissenschaftlichen Aspekte von Allem-was-ist erläutern. Das überlasse ich den wissenschaftlich orientierten Autoren. Vielleicht liest du ja sogar parallel Fachliteratur. Ich will dir all dies so mitteilen, dass es dein Herz anspricht. Ich möchte dir vermitteln, dass du eins bist mit der Schöpfung. Du bist nicht getrennt. Du bist die Schöpfung, du bist in den schöpferischen Prozess eingebunden. Du agierst jede Sekunde als Schöpfer, oft bist du dir dessen jedoch nicht bewusst. Doch das ist ein anderes Thema, das wir später ausführlich behandeln wollen.

Spüre deine Verbundenheit mit der Schöpfung. Und spüre, wie alles einem göttlichen Plan unterstellt ist. Wir und ihr in unserer ganzen Vielfalt dürfen diesen Plan unterstützen. Du kannst es mit all deinen Eigenschaften, deiner Kraft und Hingabe tun, so wie es die Blaupause des Menschen vorsieht. Du bist die Essenz Gottes auf Reisen. Du bist in dieses irdische

Kleid geschlüpft, um zu erfahren, wie es ist, drittdimensional zu leben. Es ist wie eine Expedition, an der du teilnimmst. Eine sicherlich lang andauernde Reise in deinen Augen. Aber was ist schon Zeit in der Gesamtheit des Seins? Es ist ein Konzept. Dieses Konzept ist im Plan enthalten und dient den Menschen bei seinen irdischen Erfahrungen. Du bist ein Zeitreisender. Das bist du wahrlich. Du wechselst ständig die Dimensionen. Das tust du den ganzen Tag, dein ganzes Leben lang, deine vielen Leben lang. Der Mensch hat den Schlaf, damit er auftanken und anderweitig experimentieren kann. Nicht nur, um den erschöpften Gliedern und Organen die Möglichkeit zu geben, sich zu regenerieren. Du bist des Nachts in den höheren Ebenen mit deinen geistigen Helfern beisammen, um die nächsten Schritte zu besprechen, die du dann vielleicht direkt in am nächsten Tag machst, vielleicht auch erst nach vielen Umwegen. Die Nacht dient auch der Verarbeitung deiner Erfahrungen. Dein Unterbewusstsein hat viel Altes gespeichert und muss das täglich Erlebte einordnen und wahrscheinlich auch klären. Die Träume sind Erfahrungsebenen, die du erschaffst, um Unverdautes zu verarbeiten und Ideen für neue Spielpläne zu bekommen. Ich rate dir, deine Träume immer mehr in dein Tagesbewusstsein zu integrieren. So hast du die Möglichkeit, schnell alte Dinge loszulassen und offen für die nächsten Schritte zu werden. In den Träumen ist das Erlebte und Unverdaute auf vielfältige Weise anschaulich präsent. Du wirst mithilfe deiner Führer lernen, Träume zu interpretieren, sie vielleicht sogar bewusst anzuhalten und so umzugestalten, dass sie einen neuen Schritt in die Zukunft einleiten. Träume sind eins der Werkzeuge für die Klärung alter Muster.

Es ist nun die Zeit, heimzukehren oder in die nächsten Erfahrungsbereiche zu wechseln. Die gegenwärtige Dualitätsreise neigt sich dem Ende entgegen. Auf jeden Fall für die alten Seelen, von denen du eine bist. Wärest du eine junge Seele, würden dich diese Zeilen nicht ansprechen. Für sie liegen die Möglichkeiten, die Heimreise anzutreten, noch weiter entfernt. Oder sie werden später diesen Weg nehmen, wenn das Massenbewusstsein sich dadurch verändert hat, dass viele der Alten, der Pioniere, so wie du einer bist, erwacht sind. Das nennt man die globale Erleuchtung: Durch eine bestimmte Anzahl von erwachten Seelen wird das morphogenetische Feld verändert und noch schlafende, nicht mehr ganz junge Seelen bekommen die Möglichkeit, einen Quantensprung zu machen. Genieße nun gern bereits ein bisschen die Vorfreude: Deine galaktischen Brüder und Schwestern stellen schon mal den Begrüßungschampagner für eine bombastische Wiedersehensfeier kalt.

Du bist ein Sternenreisender, eine Sternenreisende mit vielen Prägungen durch deine Herkunft und Lernerfahrungen. Wer bist du wirklich? Woher kommst du? Wie viele Erfahrungen hast du in diesem 26.000 Jahre dauernden Zyklus schon gemacht? Wie viele Zyklen dieser Art hast du schon erlebt? Wie viele Rhythmen mag es gegeben haben für die Erde? Unvorstellbar, nicht wahr? Und vielleicht warst du bei all diesen Erfahrungen dabei. Möglicherweise hast du ein paar kleinere Zyklen hier ausgelassen und warst anderweitig engagiert. Wer aber einmal dieses Erdabenteuer beginnt, muss es zum Abschluss bringen! Auch wenn du zwischendurch unterbrichst, ein Abschluss ist unumgänglich. Und siehe da, jetzt bist du wieder dabei. Wie schön! Vielleicht auch, um abzuschließen, um dem Planeten zu helfen, die nächsten wichtigen Schritte zu tun. Diese Schritte, die alle 26.000 Jahre, zum Ende eines Zyklus, anstehen, stellen das Goldene Zeitalter dar. Stell dir vor, dass der zu durchlebende Turnus meist mit der Unwissenheit des Menschen begann. Er wusste nicht, wer er war, woher er kam, sodass er abgetrennt vom Höheren Selbst Erfahrungen machen konnte: geboren zu werden, zu lernen, wie es ist, Nahrung zu sich zu nehmen, sich zu versorgen, mit anderen zu leben, Partnerschaften einzugehen, die Erde durch den Tod wieder zu verlassen. Das irdische Kleid immer und immer wieder abzugeben und neu hineinzuschlüpfen. Der Mensch erlebte, wie es ist, sich mit der Erde zu vereinen, sie als große Mutter zu sehen, die Umwelt zu erkunden, Forschung zu betreiben, die ersten technischen Erfindungen zu machen, um dann vielleicht auch Missbrauch damit zu treiben. All diese Erfahrungen wurden immer wieder und wieder gemacht. Und manchmal wurde ein Teil der Menschheit durch Katastrophen ausgelöscht, weil die Weisheit und das Herz nicht siegten, sondern das Machtstreben. Das Erproben der Macht brachte dann mit sich, dass hohe Zivilisationen zerbrachen und untergingen. Oft nahm der Rest der Menschheit das Wissen auf eine höhere Ebene mit und dort blieb es gespeichert für neue Gelegenheiten, für neue Zeitfenster des Erschaffens. Manchmal nahmen hohe Eingeweihte das Wissen an sich und gingen in andere Regionen der Erde, hüteten es und gaben es nur an Auserwählte weiter. Auch im Inneren der Erde lagert hohes Wissen, bewahrt von geehrten Wesen.

Ein großer Zyklus ist nun in eine entscheidende Phase eingetreten. Er hat einen Punkt erreicht, wo er mit vielen anderen kosmischen Abläufen zusammentrifft, die große Veränderungen mit sich bringen. Es geht nicht nur darum, dass ein Zyklus endet, sondern dass die Quelle neue Pläne für die Erde und das Sonnensystem kreierte. Die Erde darf sich in eine höhere Dimension bewegen. Die Prophezeiungen der alten Völker und Weisen und der Bibel decken sich nicht mehr mit der Zukunft oder sind nur noch bis zum Jahr 2012 relevant. Das Armageddon, das vielfach beschrieben wurde, findet nicht statt! Nein, wirklich nicht, auch wenn Menschen immer noch diesen Prophezeiungen Glauben schenken. Die Schwingungen der Erde sind dank vieler alter Seelen so angestiegen, dass ein himmlisches Gericht beschloss: Die Erde erlebt eine neue Ära, die Erde erlangt den Status eines aufsteigenden Planeten. Das ist die Zukunft von Gaia. Der neue göttliche Plan besagt, dass die tieferen dritt- und vierdimensionalen Ebenen sich mit der höheren fünfdimensionalen verbinden. Das ist der neue Weg der Erde. Und das ist auch dein Weg.

In all diesen Zyklen waren, und das ist auch im Plan des Schöpfers enthalten, immer wieder außerirdische Brüder und Schwestern da, die Hilfe leisten durften. Diese Hilfe sah nicht so aus, dass sie euch Schritte abnahmen. Aber die herzensorientierte Hilfe der geistigen Familie unterstützte die von den Menschen eingeleiteten Schritte. Wie denkst du, sind all die Erfindungen in die Welt gekommen? Sie wurden eingespeist in die höheren Ebenen der betreffenden Menschen, die sie dann auf der irdischen Ebene umsetzten. Und wenn eine Erfindung an einigen Orten gleichzeitig „auftauchte", kannst du sicher sein, dass sie mehrfach durchgegeben, gechannelt wurde, um zu gewährleisten, dass das Wissen umgesetzt wurde. Die Geschwister, die in unendlicher Liebe zu euch im Orbit der Erde warten, sind nun bereit, euch neue wichtige Erfahrungen zu vermitteln, euch zu unterstützen bei eurem schwierigen Prozess der körperlichen und geistigen Klärung und Umstrukturierung. Neue Erfindungen für eine bessere Umwelt stehen an, Neuerungen, die alle schon einmal da waren und gelebt wurden, zum Beispiel phänomenale Metalllegierungen, die das Bauen von Häusern und Brücken immens erleichtern und die Wohnqualität durch ihre energetische Struktur und Speicherfähigkeit erhöhen. Erfindungen zur Aufhebung der Schwerkraft stehen bevor, ebenso neue Strategien, um die Wirtschaft und die Verteilung der Ressourcen sinnvoll zu organisieren. Freut euch auf freiheitlichere und gerechtere gesellschaftliche Strukturen. Es ist den Helfern nicht gestattet, einzugreifen, wenn die Herrschenden, die oft noch sehr machtorientiert sind, all das in andere Richtungen lenken. Deshalb sind einige wichtige Neuerungen noch „eingemottet" und werden erst in ein paar Jahren freigegeben. Macht euch bewusst: Nichts ist neu. Alles war schon einmal oder mehrmals da und ist im Geist aufbewahrt. Es geht darum, euch die Neuerungen zeitgerecht anzuvertrauen, damit nicht das geschieht, was schon oftmals geschah. Vertraut den Helfern, dass sie euch das vermitteln, was ihr schon in Liebe verarbeiten und einsetzen könnt – zum Wohle der Allgemeinheit.

Desgleichen gibt es außerirdische Wesen, die selbst noch nicht in die allumfassende Liebe eingetaucht sind und eigennützig handeln. Die westlichen Regierungen ließen sich vor einigen Jahrzehnten auf einen nicht sehr fairen Handel mit Wesen aus einem anderen Quadranten dieses Universums ein, die „die Grauen" genannt werden. Dieser Handel beinhaltete, dass irdische Landebasen für diese Wesen eingerichtet wurden und sie Gold und andere Metalle und Mineralien erhielten. Im Gegenzug sollten technische Neuerungen vermittelt werden. Das Abkommen sah außerdem Versuche an Menschen und Tieren vor. Sie sollten Hilfe bringen für eine Rasse von einem fernen Planeten, die durch Machtmissbrauch und genetische Versuche ihre höheren Körper deformiert hatten und vollends aus dem höheren Herzensbereich gefallen waren.

Das Vorhaben war nicht korrekt, das brauche ich nicht zu betonen. Aber es ist geschehen. Nun, die Partner hatten keinen Erfolg, denn der Vertrag wurde von höherer Ebene aufgelöst. Versuche bitte zu verstehen, dass jetzt eine neue Zeit für die Erde angebrochen ist und dass Schritte, die dem grob zuwiderlaufen, von höheren Institutionen im Namen des Schöpfers unterbunden werden können. Das geschah. Du und dieser schöne Planet am Rande dieses Universums stehen nun unter der Obhut der hohen Schöpferquelle. Ist das nicht wunderbar?!

Ich will dir damit sagen, dass es wirklich eine besondere Zeit ist, in der du nun lebst. Eine Zeit, die in die Geschichte dieses Planeten eingehen wird. Und irgendwann wirst du dich auf einem anderen Planeten oder auf dieser neuen Erde erinnern, wie alles begann. Und du wirst dich vielleicht mit jemandem darüber unterhalten, der dir Freund und Feind war, und sagen: „Weißt du noch, wie wir uns damals in Südfrankreich verliebten? Erinnerst du dich an die schrecklichen Kämpfe im Palästina? Spürst du noch die Kälte der sibirischen Taiga? Erinnerst du dich, wie wir auf einem kleinen Kanu über den gigantischen Amazonas schipperten? Kannst du noch fühlen, wie es war, ganz von der Herzensklarheit abgeschnitten zu sein und aus dem irdischen Ich heraus zu handeln, ohne die göttliche Liebe? War es nicht spannend und aufregend, all dies auf dem herrlichen Planeten Erde zu erleben?!"

Tja, so könnte es sein ...

Eine Übung für dich

Die erste Übung dieses Buches soll dir deine Verbundenheit zu diesem Sonnensystem und zu der Erde bewusst machen. Diese Übung erfordert nicht viel Aufwand, sie ist überall und jederzeit möglich. Sie ist sehr hilfreich, wenn du dich gerade mal wieder sehr klein und unwichtig fühlst. Sie hilft dir, dich als ein Teil des Ganzen zu sehen. Sie kann dich auch klären, wenn du in alltägliche Dramen verstrickt bist. Dann schenkt sie dir den Weitblick und vermittelt dir, wie wichtig es ist, in Klarheit zu sein.

Schließe deine Augen und nimm wahr, wie du liegst oder sitzt, nimm dich in deiner Ganzheit wahr. Dann stell dir vor, wie du deinen Körper verlässt und durch die Zimmerdecke gleitest, ganz mühelos, dann durch das Dach des Hauses und dich immer mehr von der Erdoberfläche entfernst. Das kann ganz langsam passieren oder blitzartig. Nimm es so an, wie es geschieht. Irgendwann wirst du anhalten. Du schwebst über der Erde und genießt den Anblick. Du erkennst Kontinente und Ozeane, nimmst größere Wolkenfelder wahr und fühlst in dich hinein, was diese Erfahrung mit dir macht. Nun bitte ich dich, dein Herz weit zu öffnen, wenn dies nicht eh schon geschehen ist. Dann schicke aus deinem Herzen Liebe in den Planeten. Dies könnte so geschehen: Atme zuerst ein. Beim Ausatmen sende einen großen Liebesstrahl aus deinem Herzen zur Erde.

Tue dies, so lange du möchtest. Du wirst wissen, wann es

genug ist. Und dann umarme die Erde. Vielleicht ganz sanft und zart oder voller Kraft. Lass dich nicht von den Dimensionen irritieren. Umarme die Erde ganz einfach im Geiste und wie ein kleines Kind, dem du all deine Liebe schenken möchtest. Dann lass diese Begegnung langsam ausklingen.

Weitere Übungen

Um die Verbindung zur Erde noch zu stärken, betrachte astronomische Karten, beschäftige deinen Geist mit dem Thema „Unsere Erde in diesem Sonnensystem und die Nachbarplaneten".

Sehr zu empfehlen ist ein Besuch in einem Planetarium. Dort gibt es Programme, in denen über deinem Kopf der Sternenhimmel projiziert wird. Sondervorführungen über Erde und Mond, Erde und Sonne sind auch sehr interessant. All dies macht dir bewusst, dass du ein Teil von Allem-was-ist und eingebunden in dieses herrliche Universum bist. Diese Übungen erhöhen außerdem deine Klarheit und helfen dir dabei, aus der Dualität auszusteigen.

Barbaras persönliche Erfahrungen

Ich liebe es, am Meer zu sein, besonders wenn ich mich entspannen möchte. Nach einem anstrengenden Vormittag mit kleinen irdischen Dramen gönnte ich mir eine Pause, ging in ans Meer und legte mich ins Gras. Ich bat mein Höheres Selbst, mir Labung zu schicken. Ich schloss die Augen, ließ mich einen Augenblick treiben und spürte, wie plötzlich zwei liebevolle Wesen links und rechts neben mir standen. Sie nahmen mich jeweils an eine Hand, hoben mich hoch und nahmen mich mit. Ich war gespannt, was geschehen sollte, und ließ mich führen. Als wir weit von der Erde entfernt waren, ließen sie mich los und vermittelten mir: „Nimm Kontakt zur Erde auf!"

Instinktiv wusste ich, was ich tun musste: Ich umarmte die Erde ganz inniglich. Das tat ich eine Weile und spürte, wie mein Herz ganz warm wurde, und ich war sehr berührt. Dann nahm ich wahr, wie sich aus der Erde heraus, ein kleines Kind, ein Baby entwickelte. Es strahlte mich an. Diese Begegnung war so intensiv, dass ich weinen musste. Nach einer Weile löste das Baby sich in der Erde auf. Meine Freunde brachten mich wieder zur Erde zurück. Ich blieb noch lange liegen.

2

Der Schulungsplanet Erde entsteht

Hast du Lust auf eine kleine Reise zurück zum Anbeginn der Erde? Ich möchte dir vermitteln, wie die Erde allmählich zu dem wurde, was sie jetzt ist. Ich möchte dich diesen Prozess sehen und fühlen lassen, dir zeigen, wie das Spielfeld Erde erschaffen und geformt wurde, das es Gott ermöglicht, tief in die Materie einzutauchen und dort Erfahrungen zu sammeln. Diese Erfahrungen sind durch dich, du geliebtes Menschenwesen, möglich, der du ein Tropfen aus dem Meer der unendlichen Quelle des Seins bist. Deine Erfahrungen sind vielfältig, nicht nur auf diesem Planeten. Du bist geprägt von vielen Erfahrungen, die du hattest, bevor du hierher kamst. Du bist nun in einem Stadium deiner Entwicklung, in dem du dich immer öfter erinnerst, wer du bist, woher du kommst. Du wunderst dich, woher dies kommt, wie dies sein kann? Der Schleier ist seit der Harmonischen Konvergenz im Jahr 1987 gelüftet. Du hast die Möglichkeit, dich immer mehr in die anderen Erfahrungsebenen einzufühlen und die Essenz daraus in dein tägliches Leben einzugliedern. Doch darüber wollen wir später ausführlich sprechen. Ich habe dir dies jetzt gesagt, um dich daran zu erinnern, dass du ein multidimensionales Geschöpf bist. Lausche und fühle, wohin ich dich führe.

Vielleicht hast du Lust, immer ein paar Zeilen zu lesen, dann die Augen zu schließen und dir das Gelesene bildhaft vorzustellen und dich einzufühlen. Diese Art der Wissensvermittlung ist sehr alt. Früher kannte man das Lesen nicht, die Übermittlungen geschahen anders. Das Wissen war gespeichert, zum Beispiel in Mineralien, in Kristallen, deren Moleküle durch den Geist mit Informationen gefüllt waren; Du würdest heute von „Programmieren" sprechen. Der Mensch verband sich mit dem Wesen Kristall und nahm von ihm die Informationen auf. Das Wissen wurde auch direkt von Mensch zu Mensch telepathisch oder aus einer höheren geistigen Ebene vermittelt. Dies ist eine sehr effiziente Art, Wissen aufzunehmen, und sie ist dir bestens bekannt, nicht erst aus atlantischen Zeiten. Es geht schnell, macht Spaß und ist äußerst präzise. So werden keine Nebeninformationen aufgenommen. Die reine Essenz kommt herüber. Denke kurz darüber nach. Wenn du dir auf die heute übliche Art Wissen holst, ist es nicht so effizient und genau. Die meisten Informationen in Büchern sind durch die Person des Autors und auf allerlei andere Art gefärbt. Das trifft in ähnlicher Form auf das Internet zu. Direkte Informationsübertragung ist das, was euch Menschen sehr dienlich wäre, und ich darf dir verraten:

Es wird bald soweit sein. Das ist eine dieser wundervollen Neuerungen, die daraus resultieren, dass göttliche Energien jetzt auf die Erde strömen. Die Seelen, die seit einigen Jahr(zehnt)en geboren werden, können diese Art des Lernens spielerisch schnell umsetzen. Wenn du zu den Älteren, zu den Pionieren gehörst, ist das Umsetzen vielleicht nicht ganz so leicht. Vielleicht musst du kontinuierlich üben, in geistiger Verbindung zu sein. Das Kapitel „Ein Kurs in Channeln" hilft dabei. Probiere es auch aus, mit Freunden oder in der Familie telepatisch zu kommunizieren. Das stärkt und klärt diese engen Beziehungen und macht obendrein viel Spaß. Stell dir vor, was bei den ersten zaghaften Versuchen alles herauskommen kann! Du kennst sicher das Spiel, bei dem man jemandem etwas ins Ohr flüstert, das er dann dem nächsten zuflüstern soll und so weiter. Was dann am Ende heraus kommt, ist oft sehr lustig. So kann es hier auch sein. Du wirst viel lachen. Und sei dir bewusst: So hast du früher kommuniziert und wirst es auch in der Zukunft tun. Vielleicht bereitet es dir ein bisschen Angst? Du denkst, dass es peinlich sein könnte, wenn jeder weiß, was du denkst, womit du dich beschäftigst, wo deine „Unebenheiten" liegen, deine Ängste? Das zeigt dir, wo du dich noch weiter vervollkommnen kannst. Der Weg in die Freiheit geht über die grenzenlose Liebe zu dir selbst, indem du erkennst, dass du göttlich bist und dass es gut ist, wie du jetzt bist, nämlich göttlich richtig! Du bist ein Meister, der erwacht!

Reise bitte weiter mit mir, folge mir mit deinem Geist und

deinem Vorstellungsvermögen. Ich bin dir dabei behilflich. Die Erde agiert in einem Sonnensystem, das am Rande dieses Universums liegt. Es ist das Universum, in dem dualistische Erfahrungen gemacht werden. Jedes Universum hat vom Schöpfer ein Thema, ein Motto bekommen, das es dort zu erfahren gilt. Dieses Universum beschäftigt sich mit dem Thema Mut. Nun wird dir vielleicht einiges klar. Konzentriere dich kurz auf den Begriff Mut und stelle fest, was du damit verbindest. Da tauchen vielfältige Facetten auf. Sie können mit kriegerischem Heldentum, Waghalsigkeit, Rücksichts- losigkeit, Leid oder auch mit Nächstenliebe, mit Geehrtsein, Feierlichkeiten, Kraft und Stolz verbunden sein. Nämlich mit all dem, was du in den vielen Inkarnationen, die du hier und auf anderen Planeten verbrachtest, erlebt hast.

Nun verstehst du vielleicht auch die Gesamtheit, das Ziel all dieser Erfahrungen. Nichts ist zufällig. Der Geist, die Quelle sammelt Erfahrungen jeglicher Art. Und nun erkennst du auch, wie klar alles von der Zentrale geplant ist. Die Fäden werden dort gezogen und sind in fester Hand. Du experimentiertest vielfältig. Jetzt ist Zeit zum Resümieren, um dann andere Wege zu beschreiten und neue Aufträge entgegenzunehmen.

Stell dir vor deinem inneren Auge unser Sonnensystem vor. Und dann konzentriere dich auf die Erde und die Plane- ten um sie herum. Ich helfe dir dabei, es zu erkennen. Ich stehe hinter dir und lenke dich. Du bekommst ein Bild aus einer anderen Zeit, es entspricht nicht mehr der heutigen Konstellation. Der Planet Erde hatte früher einen anderen

Namen: Tiamat. Wir verwenden diesen Namen, obwohl es noch weitere gibt, da er am geläufigsten ist. Der Planet Tiamat war ungefähr tausendfach größer als die jetzige Erde. Tiamat erfuhr durch einen Zusammenstoß mit einem Kometen ein schweres Los: Er zerbarst in viele Teile. Zwei der größten Teile sind dir heute als Erde und Mond bekannt. Durch diesen Zusammenstoß veränderte sich auch die Umlaufbahn, es entstanden völlig neue Bedingungen. Stell dir vor, dass es für alles einen geistigen Bauplan gibt. Kein Planet bewegt sich einfach nur so herum. Er ist verbunden mit allem anderen. Er hat ganz klar seine Aufgaben, seine Bahnen, die er zieht, die wiederum mit anderen Planeten harmonieren und in das Sonnensystem eingebunden sind. So eine Katastrophe, die Tiamat zustieß, ist nichts Ungewöhnliches, es passiert ständig. Alle Universen sind in Bewegung, alles fließt, entwickelt sich, löst sich auf, geht in die Ursubstanz zurück, und es entsteht durch die Schaffenskraft der Quelle und ihrer ausführenden Organe etwas Neues. Die Dauer dieser Prozesse ist in irdischen Maßstäben gemessen außerordentlich lang. Es sind Zeiträume, die du dir nicht vorstellen kannst. Und noch weniger kannst du dir vorstellen, dass du dies auf einer anderen Ebene alles weißt und wahrscheinlich auch erlebt hast. Du bist ein Teil von alledem. Du bist ebenso mit der Evolution verbunden wie ich. Wir kennen uns schon sehr lange, weil wir den Weg der Erde über Äonen teilen. Kannst du dir dies vorstellen? Es scheint sehr verrückt, nicht wahr?

Jetzt schau dir Tiamat im Geist einmal genau an und bedenke: Tiamat ist kein toter Gegenstand, sondern ein lebendiges Wesen. Was mag dieses Wesen empfunden haben, als die explosionsartige Teilung geschah? Versuche gern, dich da hineinzufühlen. Verbinde dich mit ihm. Es geht hier nicht um das Gefühl von Trauer oder Leid. Du wirst feststellen, dass es unendliche Liebe ist, die du spürst. Die Liebe und das Vertrauen, dass alles gut und richtig ist, so wie es ist. In der Seinsform des alten Tiamat und der entstehenden Erde gab es vollkommenes Vertrauen in die Quelle, in den Geist. Dieses Bewusstsein wusste, alles ist gut, so wie es ist. Nun begann die Vorbereitung für die neue Aufgabe des Planeten. Die Aufgabe, ein Spielfeld für besondere Erfahrungen zu sein, für Seelen, die als Menschen dort leben sollten. Hast du immer noch das Bild vor Augen? Fühle, wie dieses Bewusstsein „Erde" neue Blaupausen für dieses Spiel bekam.

Jedes Bewusstsein hat ein höheres Bewusstsein. Das ist wie eine Leiter zu verstehen: Es gibt immer eine höhere Sprosse, bis man am Ziel angekommen ist. Und das heißt für dich, für mich und letztlich für uns alle, wieder ganz in die Quelle einzutauchen. Das höhere Bewusstsein der Erde lenkt und leitet den neuen Weg. Den damaligen nach der gewaltigen Teilung und natürlich auch den heutigen. Dieses höhere Bewusstsein wird Planetarischer Logos genannt. Und diesem Planetarischem Logos stehen viele Helfer zur Seite. Dieser Logos hat wiederum auch ein höheres Bewusstsein, das seinen Weg, sein Handeln inspiriert, wie dein Höheres Selbst dich. Das sage und zeige ich dir, damit du erkennst, dass tatsächlich alles mit allem verbunden ist: vom höchsten Schöpfer bis hin zum kleinsten Teil, den Strings. (Strings sind kleine Teilchen, mit denen die Quantenphysiker das Universum erklären. Sie sind allerdings bisher experimentell nicht nachweisbar.) Und nichts geschieht zufällig, wirklich nichts.

Der Planetarische Logos ist eine hohe Wesenheit, die mit einem Stab von Mitarbeitern und mit Unterstützung übergeordneter Instanzen das Konzept Erde erstellt(e) und mit seinem göttlichen Bewusstsein hält. Auch jetzt gibt es viel zu tun für dieses Gremium, denn der neue Weg der Erde bringt viele Veränderungen und erfordert viel Unterstützung für die erwachenden Menschen, die wiederum dieses Spielfeld und den Plan durch ihr Verhalten verändern. Das ist doch gut zu verstehen, nicht wahr? Fühle die Kraft des Planetarischen Logos. Du hast sicher schon von ihm gehört: Es ist Sanat Kumara. Es wird vielfach behauptet, er hätte sein Amt abgegeben. Dem ist nicht so. Vor einigen Jahren hat er Unterstützung bekommen aus höheren Reichen, aus Bereichen nahe der Zentrale allen Seins. Ein hoher Sohn des EINEN reiste an, um diesem Spielfeld Gaia die höchstmögliche Unterstützung zu gewähren für diesen neuen Weg ins Licht, in die andere Dimension. Dieses Wesen wird Prinz Michael genannt. Nicht zu verwechseln mit Erzengel Michael, der nach wie vor mit seinen Heerscharen als Bote und Diener in diesem Bereich des Universums stationiert ist und seine nicht immer leichte Aufgabe verrichtet.

Das zeigt, wie wichtig die Entwicklung der Erde für die Allgemeinheit ist. Denn alles ist mit allem verbunden. Du könntest es auch so verstehen: Der göttliche Plan wird jetzt etwas enger und konsequenter umgesetzt. Die Entwicklung wird gezielter gelenkt. Damit ist auch gemeint, dass Widersacher, die den Weg torpedieren wollen, auf die neue Lage hingewiesen und – wenn sie nicht aufhorchen – daran gehindert werden, weiterhin die Dualität zu fördern. Der Weg führt nun aus der Dualität heraus. Wir sprachen schon darüber, dass es auch junge Seelen hier auf Gaia gibt, die diese Art Spielplan für ihre Lernaufgaben noch brauchen. Sie werden dies auf einem anderen Planeten fortsetzen. Wenn ich von jungen Seelen spreche, meine ich damit nicht, dass sie frisch aus der Quelle kommen. Es bedeutet, dass sie hier auf dem Spielfeld der Dualität Neulinge sind.

Hast du noch das Bild von der Erde und ihren Nachbarplaneten vor deinem inneren Auge? Schau dir einmal an, wie prächtig alles aussieht, wie wunderbar sie harmonieren. Die Erde ist zurzeit mit vielen Seelen bevölkert. Das hängt damit zusammen, dass viele Seelen jetzt hier sein möchten, um diese neuen Schritte der Erde zu erfahren und um möglicherweise eigene Quantensprünge zu machen. Denn jetzt ist die Chance, sich wahrlich sprunghaft zu entwickeln, tief verwurzelte Muster zu lösen und die eigene Essenz zu leben. Es wird immer mehr Menschen geben, die diesen doch recht vielfältigen Weg noch nicht beschreiten wollen. Sie werden die Erde verlassen, so wie sie Gaia immer verließen: Durch den Tod. Sie verlassen ihren Körper, legen ihr irdisches Kleid ab und begeben sich auf die andere Seite des Schleiers, um dort ein bisschen zu verweilen. Sie erreichen eine Ebene, wo sie entsprechend ihrer Entwicklung gut aufgehoben sind, um zu lernen und irgendwann wieder zu inkarnieren. Vielleicht bald auf der Erde oder auf einem anderen, eigens dafür entwickelten Planeten, der, obwohl jetzt schon in eurem Sonnensystem positioniert, für eure Astronomen noch nicht sichtbar ist. Wie schon oft gesagt, geht keine Seele, kein Seelenaspekt, kein Tropfen aus dem großen Meer der Quelle verloren. Jede geht den Weg entsprechend des eigenen Entwicklungsplans.

Manches, was ich dir während dieses Treffens erzähle, ist dir sicher bekannt. Bedenke bitte, dass ich agiere, wie alle Lehrer es tun: Ich wiederhole, wiederhole, bis all die erwacht sind, die erwachen wollen. Und ich erzähle außerdem all dies, damit du wirklich die Gesamtheit der zu erkennenden oder zu klärenden Aspekte und Hinweise aufnimmst. Vieles von dem, was du schon gelesen hast, hat etwas bewirkt, aber vielleicht nicht alles in dir wachgerufen. Hier darfst du dich gern so vertiefen, dass all das sichtbar wird, was dir hilft, dich ganz zu erkennen. Hier darf es dich berühren.

Schau dir jetzt noch einmal die Erde an. Wie fühlt sich die Erde jetzt an? Spürst du Unwohlsein, Spannung oder ein starkes Bedürfnis nach Bewegung? Es ist das, was die Erde die nächsten Jahre stark motivieren wird, sich zu klären, zu reinigen und alles abzuwerfen, was nicht mehr passt. Denke an

all die Atomversuche, die Tests mit Viren und Bakterien, die
Verschmutzung durch Müll, die Wetterexperimente. (Dazu
gehören Versuche mit Substanzen, die das Ozonloch wieder
abdichten sollen und die wolkenähnliche Gebilde am Himmel
produzieren. Keine gute Idee, denn die ungewollten Neben-
wirkungen sind katastrophal. Sie beeinflussen obendrein das
Energiesystem des Menschen und das Klima!) Es gibt mehr
Versuche, die euch nicht bekannt sind und von verschiedenen Nationen durchgeführt werden, die noch sehr machtorientiert sind. Das zeigt sich auch in besonderen Versuchen,
die von den telepathischen, hellfühligen, hellsichtigen Fähigkeiten und von anderen jetzt erwachenden schöpferischen
Qualitäten des Menschen Gebrauch machen. Dahinter steht
die Frage: Was kann ein Mensch durch seine eigene Kraft
erreichen? Ja, es geht um das gezielte Einsetzen der göttlichen Kraft im Menschen! Es ist wie bei einem Brotmesser:
Du kannst mit dem Messer leckeres Brot in mundgerechte
Scheiben schneiden oder deinen dich störenden Nachbarn
damit in den Rücken stechen. Du kannst dich für die eine
oder die andere Möglichkeit entscheiden. Womit wir wieder
bei dem freien Willen wären. Du entscheidest, ob du diese
nun freigesetzten göttlichen Fähigkeiten in Liebe für dich und
für das Allgemeinwohl einsetzt oder um zu manipulieren. Die
Experimente, die heute auf nationaler Ebene diesbezüglich
gemacht werden, gehen in beide Richtungen. Sie sollen Hilfe
für die bedürftigen Menschen und Nationen bringen und Frie-
den auf der ganzen Welt schaffen. Andere Experimente mit

diesen nun verfügbaren Fähigkeiten dienen eher den Interessen der Mächtigen und der Entwicklung von Waffen. Die Menschheit steht wieder an einer Wegkreuzung, wie damals in Atlantis und in noch älteren Zivilisationen. Wie wird es weitergehen, wie wird die Entscheidung sein? Besteht die Möglichkeit, den freien Willen der eigenen Göttlichkeit unterzuordnen? Wahrlich, ja! Das ist der Weg, den die Erde jetzt einschlägt. Darum prüfe jeder für sich seine eigene Authentizität: Gehe ich den Weg der Klarheit, der Uneigennützigkeit, den Weg der allumfassenden Liebe? Denn bedenke, du bist mit allem verbunden. Und was du anderen antust, indem du teilhast an gewissen Übeln und Manipulationen oder sie auch nur gleichgültig geschehen lässt, tust du auch dir an. Und du schadest deinen Mitmenschen, dem Planeten, dem Sonnensystem und so weiter. Schaue dir noch einmal die Erde mit deinem inneren Auge an und werde dir der Verbundenheit zu ihr bewusst und spüre ihre Verbundenheit zu dir.

Eine Übung für dich

Das Bewusstsein der Erde, von Mutter Erde vermittelt sich dir gern in der weiblichen Form. Und so wollen wir ihr jetzt begegnen. Stelle dir für die Begegnung vor, dass du auf einer Wiese bist. (Wenn du Schwierigkeiten mit dem Visualisieren hast, hole dir Anleitung im Kapitel „Visualisieren, ein Schöpferwerkzeug"). Du stehst barfuß auf einer Wiese. Es ist eine

Wiese, die du dir ausmalst. Vielleicht ist es auch eine, die du schon kennst. Es wäre dann so, als würdest du dich erinnern, wie es war, als du dort einmal standst. Vielleicht war dies während eines Urlaubs, oder es war in einem Park in deiner Nähe oder in deinem eigenen Garten. Stelle es dir ganz plastisch vor und nimm dir Zeit dafür. Am besten gelingt dies, wenn du bei deinen nackten Zehen beginnst und dein Bild langsam erweiterst, bis du die ganze Wiese vor dir hast. Um die Verbindung zur Gefühlsebene zu verstärken, nimmst du jetzt deine geistigen Hände zur Hilfe und prüfst mit ihnen, was du auf der Wiese anhast. Vielleicht eine Tunika, ein Sommerkleid, eine Pumphose? Wenn dein Bild von dir und deiner Umgebung stabil ist, schaust du etwas nach vorn. Vor dir erscheint eine weibliche Gestalt. Es ist Lady Gaia, Mutter Erde, das weibliche Bewusstsein dieses Planeten. Sie wird sich sehr weiblich präsentieren, vielleicht in einem herrlichen Gewand mit leuchtenden Farben. Nimm dieses Bild ganz in dir auf. Und nun lass dich von ihr begrüßen. Vielleicht ergreift sie deine Hand oder umarmt dich. Genieße die herzliche Begrüßung! Vielleicht kannst du schon Botschaften empfangen, dann lausche, was sie dir vermitteln möchte. Die Botschaft kommt als Gefühl zu dir oder als Gedankenstrom. Wenn die Kommunikation noch nicht so gut klappt, dann genieße einfach dieses Treffen. Verweile so lange in dieser Verbindung, wie du möchtest. Diese Übung stärkt deine Erdverbindung. Lichtarbeiter sind viel in der geistigen Welt unterwegs, manche auch in der

Form, dass sie den Körper verlassen. Sie vergessen manchmal, sich mit der Erde selbst zu verbinden.

Wer Probleme mit den Themen der ersten beiden Chakren hat, (zum Beispiel: kein Zutrauen zu sich selbst, Konflikte mit der Mutter, Missbrauchserfahrungen, finanzielle Sorgen, mangelnde Kreativität und vieles mehr), kann diese Übung einsetzen, um die Erdverbindung und das eigene Selbstbewusstsein zu stärken.

Weitere Übungen

Dieser direkte Kontakt zur Erde ist deshalb so effektiv, weil du Lady Gaia direkt um Hilfe bitten kannst. Sie wird dir beistehen. Wenn du die oben beschriebene Übung machst und in Kontakt mit ihr bist, frage sie um Unterstützung, wenn du beispielsweise Sorgen mit deinem zweiten Chakra hast, weil das Thema Sexualität, das übrigens alle Menschen durch gespeicherte Erfahrungen sehr bewegt, dich stark belastet. Vielleicht arbeitet sie direkt mit dir und du spürst ausgleichende Energien im Körper. Oder eine Klärung geschieht durch andere Geschehnisse in deinem Leben. Du wirst zu einem Energiearbeiter geführt oder du spürst, wie die geistige Welt sich deines Themas annimmt und die Energien von Erzengel Michael an dir wirken. Deine reine Absicht, heil zu werden, ist meistens ausreichend.

Es gibt weitere Möglichkeiten, den Kontakt zur Erde zu

intensivieren. Tauche in Bücher ein, die über die Beschaffenheit der Erde berichten. Informationen über Berge, Mineralien, Tropfsteinhöhlen stimmen dich gut ein. Vielleicht magst
du Steine sammeln? Im Park, am Meer oder im Wald warten
Steine auf dich, die du mit nach Hause nehmen kannst. Da
habe ich noch die Bitte, dass du den Stein befühlen und fragen solltest, ob er mit möchte. Er ist auch Bewusstsein und
hat dort, wo er liegt, vielleicht eine Aufgabe. Dieses Kommunizieren und Fühlen mit allem, was zur Erde gehört, sensi-
bilisiert dich für deinen Gastplaneten.

Zusammengefasst: Beschäftige dich mehr mit der Struktur der Erde. In wärmeren Gegenden oder Jahreszeiten lege
dich einmal am Tag auf den Erdboden und lausche den
Geräuschen der Erde. Es trägt auch zur Öffnung deines Herzens bei.

Barbaras persönliche Erfahrungen

Wieder mal etwas erschöpft durch eine lange Reise legte ich
mich im Garten auf den Boden und ließ einfach nur los. Ich
war ohne Erwartungen, wollte nur die Energie Gaias fühlen
und sanft vor mich hin dösen. Da erschien – ich bemerkte es
übrigens durch einen herrlichen Duft – vor meinem inneren
Auge eine bezaubernde Gestalt; eine schöne Frau mit langen
blonden Haaren und einem wehenden, wallenden Gewand.
Sie lächelte mich an und vermittelte mir, dass ich geehrt bin

für meinen Dienst und wir uns schon lange kennen. Zu anderen Zeiten hätten wir sehr intensiv zusammengearbeitet. Dies würde sie gern fortführen. Sie fragte, ob ich bereit dafür sei. Natürlich willigte ich ein, aber ein wenig erstaunt war ich doch. Manchmal – das kennen wir alle – überkommt einen der Zweifel: Ist es wirklich wahr, was ich jetzt erlebe, oder fantasiere ich? Meine Gedanken lesend, versicherte sie mir, alles sei so wahr, wie ich wahr sei, und lächelte. „Komm mit mir, ich möchte dir etwas zeigen!" Sie nahm mich an die Hand und entschwand mit mir ins Innere der Erde. Ich gelangte in ein Tunnelsystem, das glitzerte vor lauter Kristallen. Vor meinem inneren Auge sah ich eine Art Miniatureisenbahn mit offenen Waggons, von denen wir einen bestiegen. Ein freundliches Wesen startete diesen Zug und fuhr mit uns beiden durch die Erde. Während der nicht sehr lange Fahrt hielt es meine Hand und erzählte mir Dinge über die Beschaffenheit der Erde, die ich leider nicht behalten habe. (Kryon sagte mir später, das sei nicht so wichtig, es sei eh alles in mir gespeichert.) Wir hielten irgendwann an, stiegen aus, gingen durch andere Gänge und landeten schließlich in einem wohl sehr gehüteten riesigen Raum, der Teile des Erdkerns beinhaltet. Ich durfte eintreten und sah einen riesigen, imposanten Diamanten oder Bergkristall. So glaubte ich zumindest. Es war ein fast grell glitzernder großer Stein, der sich leicht zu bewegen schien, er wirkte sehr lebendig. Aber das war vielleicht auch eine Täuschung. Ich blieb wie gebannt dort stehen. Mit wurde vermittelt, dass dieser Kern die göttliche Essenz dieses Planeten sei. An das Weitere kann ich mich nicht mehr erinnern. Ich wachte irgendwann wieder auf.

Das war eine von mehreren Erfahrungen dieser Art, die ich machten durfte. Ich bin sehr dankbar! Kryon hat später auf meine Frage hin, ob dieses innere Wesen ein Diamant oder Bergkristall sei, geantwortet: „Keines von beiden ..."

3

Wir sind immer verbunden
LADY GAIA, UNSERE ERDE, SPRICHT

Ich grüße euch von Herzen, ihr geliebten Wesen dieses Planeten, der ich bin. Ich bin du, ich bin das Sonnensystem, ich bin die Galaxie, ich bin das Universum. Ich bin in allem enthalten, genau wie du. Du liest diese Zeilen vielleicht in dem Gefühl des Getrenntseins und fragst dich: „Wer bin ich? Ich bin sicher ein kleines Licht am Rande des Universums, wer nimmt mich schon wahr? Wer nimmt wahr, was ich tue, wie ich mich abmühe, wie ich versuche, frei zu sein, mich zu klären und mir bewusst zu werden, dass ich ein Teil von allem bin? Es ist so schwer, sich dies vorzustellen. Wer sagt mir, dass all das, was ich lese, erzählt bekomme, erahne, der Wahrheit entspricht? Oft zweifle ich, weil ich mir nicht vorstellen kann, was unendlich ist. Was bedeutet das? Wie groß ist das Universum? Wo fängt es an, wo hört es auf? Wie kann man verstehen, dass jedes Licht auf diesem Planeten, jeder Mensch ein Teil von allem ist? Ich kann diese wundervolle Vorstellung, dass ich mit allem verbunden bin, manchmal nicht fassen. Oft packt mich eine tiefe Traurigkeit, weil ich mich verloren fühle. Wie kann ich all dies lösen?"

Du verlierst dich in Raum und Zeit. Du verlierst dich deshalb, weil du nach der Doktrin von Raum und Zeit lebst. Wie wäre es, wenn du loslässt? Wenn du dich gleiten lässt, vertrauensvoll in diese neue Ebene des Seins wechselst? Ich trage dich. Ich bin immer bei dir. Es geht gar nicht anders. Wie sollte es sonst sein? Wir sind nicht getrennt. Schau, ich bin ein Teil dieses Universums, in dem gelernt und gelebt wird, was Dualität ist. Irgendwann hat jedes Bewusstsein, das hier dient, diesen Prozess abgeschlossen. Dann geht's weiter in die nächste Lernerfahrung. Wie du durch Kryon erfahren hast, bin ich Bewusstsein, so wie du. Ich habe schon sehr tiefe Erfahrungen durchlebt. Ich wurde gespalten. Ein Teil von mir wurde abgelöst durch eine – wie du sagen würdest – Katastrophe. Teile von mir haben sich abgespalten. Es mag ungewöhnlich klingen, aber auch das war im Plan des Schöpfers allen Seins enthalten. Die Erfahrung war mir zugedacht. Meine Energie repräsentiert ursprünglich hauptsächlich das Weibliche. Aber auch ich bin in die Dualität gegangen. Meine weiblichen und männlichen Anteile sind im Begriff, sich zu vereinigen. Vorher erlebe ich, genau wie du, eine Klärung. Das macht Sinn. Denn auch in mir leben die Erfahrungen des Getrenntseins.

Vielleicht bist du hier in diesem Universums erschaffen worden. Vielleicht stammst du, wie einige Seelen, die jetzt inkarnieren, aus anderen Bereichen, von weit her. Du bist hier, um zu dienen. Du bist hier, den Menschen und mir zu helfen, den Weg der Neuen Erde zu unterstützen. Ich spreche jetzt zu in der weiblichen Form zu dir, in der Energie, die dich trägt, die dir hilft zu wachsen und deiner weiblichen und männlichen Anteile in dir zu vereinigen. Ich lehre dich, wenn du experimentierst, wie du die weibliche Kraft einsetzen kannst, um dich zu fühlen, dich als Schöpferwesen zu erkennen. Ich habe vielen Frauen während ihrer Erdenzeit geholfen, diese weibliche Urkraft für große Aufgaben zu nutzen. Wenn du die überlieferte Geschichte der Erde betrachtest, begegnen dir starke Frauen, die viel für die Menschheit taten. Sie gaben ihre ganze Kraft für die Entwicklung der Gnostik, der Heilkunde, der Ethik und der Kunst. Es war nicht von Belang, was sie äußerlich darstellten. Vielleicht traten sie als Heilige einer Kirche oder eines Ordens oder eines Kults auf oder gar als verkannte absonderliche Alte. Sie lebten in tiefer Hingabe die Liebe des Schöpfers. Sie hatten ihr Urwissen freigelegt und agierten mit der vollen Schöpferkraft, die in ihnen lag. Sie ließen sich von ihrem Gottselbst führen und verbreiteten göttliches Wissen und arbeiteten als Helfer der Menschheit, oft auch mit heilerischen Fähigkeiten. In anderen Zeiten erlebten die Frauen eine Beschränkung, erfuhr das Weibliche eine Degradierung. Sie wurden vielfach als Menschen zweiter Klasse behandelt, die den Männern unterlegen waren. In viel früheren Zeiten gab es Zivilisationen, bei denen die Frauen die Führung innehatten. Bei einigen indigenen Völkern ist das heute noch so. Selbstverständlich waren die Aufgaben so verteilt, wie es der göttlichen Blaupause der Geschlechter entsprach. Und dazwischen gab es immer wieder Perioden, wo Mann und Frau gleichwertig im täglichen Leben, in Politik und Gesellschaft agierten. Ganz natürlich, ohne Spaltung.

Selbstverständlich war es in stark männlich geprägten Zivilisationen auch den Männern möglich, meine weibliche Intuition zu spüren, sie zuzulassen und zu leben, auch zum Wohle der Allgemeinheit. Aber das war selten, denn es sollte ja die Erfahrung der Dualität im Vordergrund stehen. Es gab ein Auf und Ab für die weibliche Kraft im Laufe der Erdentwicklung.

Ich bin einer der Planeten, auf denen die Dualität langsam entstand. Zu Anbeginn war es die Einheit, die alles bestimmte. Die vielfältige und unterschiedliche Besamung der Erde, die durch unsere Brüder und Schwestern aus dem All initiiert wurde, führte zu diesem Erfahrungsspektrum.

Der Weg der Dualität neigt sich dem Ende zu. Die weiblichen Intuition und die männliche Weisheit wollen eine Vereinigung erfahren. Beginnen wir mit uns selbst. Erfahren wir doch gemeinsam, wie es ist, ausgewogen miteinander verbunden zu sein. Ich lade dich ein, an meinen Schwingungen teilzuhaben. Klinke dich ein in meinen Schöpfungskreis. Erlaube mir, dich mit der Kraft der Urweiblichkeit zu verbinden. Ich teile mein weibliches Bewusstsein mit einer starken männlichen Kraft, die diesem Planeten innewohnt. Dieses Wesen ist ein Teil, der sich mir vor langer Zeit offenbarte, als neue Aufgaben auf mich warteten. Diese Kraft ist die Kraft des Agierens, der Hingabe an die Erschaffung. Ich bin die Gebärende des Neuen. Ich erfahre diese Verbindung als das, was sie ist: In Zeiten der Zufriedenheit, des Ruhens, des Genießens ist es Einheit. In Zeiten der starken Dualität ist es Unruhe, Kampf, Aufruhr und stockende Entwicklung. Bedenke auch, dass ich, wie du, auf verschiedenen Ebenen lebe. Ich lebe die drittdimensionale Ebene, ich erlebe die vierte, die fünfte und noch höhere Dimensionen. Denke kurz darüber nach, was das bedeutet. Wenn es dir möglich ist, versuche zu spüren, wie die verschiedenen Erdschwingungsbereiche sind, wie sie vibrieren. Du bist wahrscheinlich in jedem dieser Bereiche ebenso präsent. Auch da sind wir vereint, ein Team. Wir sind Teil eines Ganzen.

Jetzt sind wir bereit für weitere Schritte der Vereinigung. Es ist die Vereinigung, die es im inneren Erdkern immer gab. Es ist die Kristalline Christusenergie, die im Innern meines Seins fest verankert ist. Dort ist die Dreifaltigkeit von Vater/Mutter Gott und dem heiligen Geist immer eins. Wir wollen, dass die Energie dieses Kerns sich ausweitet. Wir erbitten von der Quelle den Segen für diese kraftvolle Vereinigung unseres Bewusstseins. Ich bin mit euch Menschen eng verbunden. Ohne mich und ohne euch kann dieses Neue nicht geschehen. Öffnet euch vertrauensvoll der männlichen und weiblichen Kraft der Erde. Der andere, der männliche Teil von mir, erschrick bitte nicht, hat reptoide Erscheinungsmerkmale. Er repräsentiert eine der Energien meines Seins.

Es ist die animalisch anmutende Kraft, die aus dem Inneren herau die Stärke schafft, die wir für die Klärung brauchen. Meine Energie, die ich dir gern vermitteln möchte, ist die Kraft des Empfangens und Gebärens. Nimm beide Kräfte vorurteilsfrei an, verbinde dich mit uns und erlaube uns, dich sanft in die emotionale Heilung zu geleiten. Erlaube uns, deine verschiedenen Körper zu klären von alten Mustern, von den Begebenheiten, die du dualistisch lebtest, die dich prägten und dir nicht gestatteten, frei zu sein. Du schreitest erhobenen Hauptes in die Freiheit, in den Bereich der grenzenlosen Liebe. Erwache ganzheitlich, damit du erkennst, dass du nicht getrennt, allein und vergessen hier am Rande dieses Universums bist. Ich reiche dir jetzt meine Hand für eine kleine Reise. Ich danke dir für deine Aufmerksamkeit. Ich bin Gaia. In höheren geistigen Ebenen bin ich auch als Urantia bekannt.

Eine Übung für dich

Ich, Kryon, möchte dir jetzt die Möglichkeit geben, direkt mit der Erde in Kontakt zu gehen. Am schönsten wäre es, du legst dich auf die Erde im Park, im Wald oder in deinem Garten. Wenn dir dies nicht möglich ist, lege dich auf den Boden deines Zimmers. Ich empfehle das Liegen, weil du so tiefer in die Entspannung kommst als beim Sitzen. Mache es dir bequem und stimme dich freudig ein. Vielleicht magst du auch ganz bewusst dein Herz öffnen für diese schöne Erfahrung. Atme ein paarmal tief durch und dann sprich im Geiste die reine Absicht aus, mit Mutter Erde in Verbindung treten zu wollen, und sei in froher Erwartung. Bald wirst du spüren, dass sie deinen Ruf vernommen hat und sich vor deinem inneren Auge zeigt. Das kann sehr unterschiedlich aussehen. Vielleicht brauchst du die liebevolle Energie einer Mutter, dann wird sie dir als ein mütterliches Wesen erscheinen. Wenn du Kraft für kreative Schritte brauchst, wird sie als jugendliche Frau voller Dynamik vor dir stehen. Vertraue dem, was du siehst. Und was jetzt geschieht, ist individuell. Hier hört meine Führung auf. Überlasse dich ganz dem Geschehen. Ich weiß nur, dass du in die heilige Erde geführt wirst. Lege alle Zweifel ab, vertraue und genieße. Viel Freude!

Wenn du die männliche Energie der Erde erfahren möchtest, verfahre in ähnlicher Weise. Sollte dies nicht funktionieren, dann habe noch ein bisschen Geduld. Vielleicht ist es nicht der richtige Zeitpunkt für diese Begegnung.

Barbaras persönliche Erfahrungen

Auch ich werde hin und wieder, wenn ich nicht ausgeglichen bin, von einer Unpässlichkeit heimgesucht. So hatte ich mich erkältet und war verschnupft. Wobei ich natürlich weiß, dass da meist noch andere Faktoren im Spiel sind. Ich war im wahrsten Sinne des Wortes über private Geschehnisse verschnupft! Damit ging auch eine leichte Blasenentzündung einher (passte auch prima zum Thema). Kurzum, es ging mir nicht so gut. Plötzlich war in meinem Kopf: „Leg dich in die Sonne auf die Erde, du bekommst Hilfe!" Ich war erst unsicher, ob die frühlingshaft kühle Erde mir gut tun würde. Aber ich habe gelernt, das anzunehmen, was mir angeboten wird. Es war noch nie zu meinem Schaden.

Ich befolgte den Hinweis, legte mich an einem sonnigen Fleck auf die Erde und wartete. Vor meinem inneren Auge stand wieder diese liebevolle Gestalt von Lady Gaia. Sie begrüßte mich und sagte: „Warum besuchst du mich nicht öfter und nimmst meine Hilfe in Anspruch? Ich weiß, wie ich dir helfen kann, du bist doch schließlich auch ein Teil von mir." Sie legte ihre Hände auf meinen Bauch und ich spürte, wie erst eine klärende Kühle und dann eine aufbauende Wärme durch den gesamten Bauchraum floss. Dann spürte ich eine Aktivität in meinen Nieren. Die wurden auch liebevoll behandelt. Ich fühlte mich, als würde ich schweben und tausend Hände würden an mir arbeiten. Es war sehr kraftvoll und zugleich sanft. Dann spürte und sah ich im Geiste, dass ich ganz und gar mit grünen Bandagen umwickelt wurde, die sich sowohl erfrischend als auch nährend anfühlten. Ich fiel in einen leichten Schlaf, bis ich irgendwann zurückkam. Ich bedankte mich und fühlte wieder die Gegenwart von Lady Gaia. Am nächsten Tag waren alle Wehwehchen verschwunden und mir war zudem bewusst, was mich so aus der eigenen Mitte gebracht hatte.

4

Wie oben so unten

LADY GAIA, UNSERE ERDE, SPRICHT

Wie der alte Weise, der Atlanter Hermes Trismegistos, auch als Thot bekannt, schon sagte, trifft das, was in den oberen Bereichen der Schöpfung gilt, auch für die unteren Ebenen zu. Ich bin ein Mikrokosmos in dieser Galaxie, die Galaxie ist ein Mikrokosmos in diesem Universum. Du bist ein Mikrokosmos auf der Erde. In dir ist ein Mikrokosmos und so weiter. Nun führe ich dich näher zu der Schöpfung hin, die ich bin: Die Wissenschaft, die sich mit der Beschaffenheit der Erde auseinandersetzt, spricht von einem harten Erdball, wenn sie von mir spricht. Ich bestehe, genau wie du, aus Molekülen. Das bedeutet, dass du einen Teil meines Seins als fest empfindest. Du stehst auf mir, Häuser und Brücken werden auf mir gebaut. Physikalisch gesehen bin ich Materie, verdichtetes Licht, Protonen, Elektronen und Neutronen, die Atome bilden. Doch es gibt Zwischenräume in den Atomen. In diesen leer anmutenden Räumen ist die Energie Gottes. Es ist der Geist, der alles zusammen hält. Es ist die Urmaterie.

All das fest Anmutende ist ein Trugbild der menschlichen Sinne. Du erliegst einer Illusion. Demnach gibt es eine andere Welt, die nicht mit den Sinnen wahrgenommen werden kann. Halte einen Moment inne und berühre den Stuhl oder Sessel, auf dem du sitzt, intensiv mit deinen Händen. Wie fühlt er sich an? Stell dir nun vor, wie in diesem dir fest erscheinenden Gegenstand zartes Leben pulsiert. Ich mache es jetzt für dich spürbar. Spüre die sanfte Vibration der Materie deines Stuhles. Diese kleine Übung soll dein Bewusstsein dafür schärfen, dass alles, was du als festen Gegenstand wahrnimmst, verdichtetes Licht ist. Ich erkläre dies hier nicht wissenschaftlich, das tun andere Schriften sehr gut. Ich will es dich erfahren lassen. Fühle! Lass dich auf diese feinen Schwingungen des Universums ein.

Das Gleiche gilt für dich. Du empfindest dich als feste, auf der Erde agierende Person. Was ist, wenn ich dir sage, dass dies eine Illusion ist? Du bist eine auf mir wandelnde energetische Farbkomposition aus elektromagnetischen Feldern, vom Geist geprägt. Alles ist vom großen Geist erschaffen. Hohe Wesenheiten, die direkt im Auftrage des Schöpfers, der Quelle agieren, gaben und geben ihr Bestes, um eine Matrix, eine göttliche Blaupause für den Erdplaneten und die Spezies Mensch zu schaffen. Das Experiment Erde wurde zuerst konzipiert, dann der Mensch. Oder besser ausgedrückt: Das, was du als multidimensionales Wesen brauchst, nämlich ein Spielfeld für dieses Experiment, wurde von ihnen erschaffen.

Mein Kleid ist, irdisch betrachtet, ein festes Konstrukt aus

Metallen, Mineralien, Wasser usw. Dahinter ist ein für dich nicht sichtbarer Geist, der dieses feste Kleid formt. So empfindest du mich als eine Kugel, wie ein bekannter Astrom in der Mitte des letzten Jahrtausends postulierte, sehr zum Entsetzen der Kirche. In den paar tausend Jahren davor dachten die meisten Menschen, die Erde sei eine Scheibe. Nun, es gibt tatsächlich einen fest anmutenden Erdball, der Schicht um Schicht einen göttlichen Kern umhüllt, der wissenschaftlich betrachtet metallisch ist. Auf höherer Ebene betrachtet, ist der Kern mein göttliches Zentrum. Vater/Mutter Gott dieses Universums und der Heilige Geist halten mich zusammen. Sie tragen den göttlichen Plan, die Blaupause dieses Planeten, der ich bin.

Diese Blaupause enthält alles, was mir geschah und was mir geschehen wird. Sie ist ein Lebensplan, wenn du so willst. Für alle Eventualitäten ist die geistige Form schon geprägt. Ich habe, genau wie du, einen freien Willen, der aber letztlich in den göttlichen Plan mündet. Schleifen der Entwicklung sind im Weg enthalten. Der göttliche Plan sieht nun vor, dass ich mich im Laufe der nächsten Jahre auf einen besonderen Weg begebe, der zur Vereinigung meiner dritt- und vierdimensionalen Ebenen mit der fünfdimensionalen Ebene führt. Das heißt, dass in einem bestimmten Zeitrahmen auch deine und die kollektiven Gedankenstrukturen fünfdimensional sind. Du schaffst durch jeden Gedanken auf einer höheren Ebene eine Form, die als Grundidee für etwas Materielles dient, das in dein Leben treten kann. Wenn du es nicht mit ausreichend Kraft und Energie füllst, dann schwingt es sich in einer Parallelebene ein und existiert dort. Alles, was erdacht wird, verdichtet sich bei längerem Fokussieren. Einiges verblasst nach kurzer Existenz und löst sich auf. Es ist wichtig, dass du erkennst: Alles, was sich auf einer dritt-dimensionalen Ebene verdichtet, ist im Geiste konzipiert.

Ich bin Gaia und habe ebenso wie du viele dieser so erschaffenen Erfahrungen in mein Leben, in meine Existenz geholt. Ich habe sie gelebt und bin nun bereit, Altes und Unpassendes zu verändern, zu klären, zu integrieren und aufzulösen. Ich tue dies durch Aktivitäten, die du als Wetter- und Naturkatastrophen bezeichnest. Ich lasse es auch durch das Wasser und durch Erosionen los. Viele Anteile dieses Prozesses sind für die Menschen nicht sichtbar, wohl aber für Sensible fühlbar. Ihr nehmt sozusagen zurzeit nur die Spitze des Eisbergs wahr. Der Druck, unter dem ich stehe, nimmt zu. Deshalb brauche ich eure Unterstützung. Was kannst du tun? Atme Liebe ein durch pranische Atmung und sende diese hohe Kraft in mich, meine Aura, meine elektromagneti-schen Felder und sei dir der Wirkung bewusst. Bewusstsein ist alles. Wenn du die Absicht hast, Klärung und Liebe zu sen-den, wird das so sein.

Handle bewusst in deinem täglichen Leben! Es ist schwie-rig, dies anderen Menschen zu vermitteln. Missioniere nicht. Überlasse es Menschen, die es sich zur Lebensaufgabe gemacht haben, andere auf ihrem Weg zu stupsen. Ordne dein *eigenes* Leben gezielt. Dann wirst du wissen, was du tun kannst für dich und die Klärung meines Seins. Das kommt fast automatisch. Dann stört dich alles, was Verunreinigung verursacht in dir und um dich herum. Und vertraue dem göttlichen Plan, der besagt, dass die Erde auf dem Weg in die Einheit ist. Vertraue mir, ich bin deine Mutter und werde dich inspirieren. Ich bin Gaia.

Eine Übung für dich

Ich möchte dich jetzt zu einer Übung einladen, die dir zeigt und dich spüren lässt, wie du gleichzeitig die Energien von Mutter Erde und die der Quelle in deinem Körper integrieren kannst. Dafür bitte ich dich, dir wieder eine Wiese vorzustellen, eine Wiese, wie sie dir gefällt. Vielleicht ist es eine Wiese, die ganz in der Nähe deiner Wohnung oder weit entfernt in deinem Lieblingsurlaubsort ist. Vielleicht hast du auch eine Fantasiewiese, einen Platz, den du dir selbst kreiert hast. Spüre das Gras unter deinen Füßen, stimme dich ganz ein auf diesen Platz. Lausche, ob du Vögel zwitschern hörst oder das Pfeifen des Windes. Vielleicht ist ein See oder das Meer in der Nähe und du hörst das Rauschen der Wellen oder das Plätschern des Wassers. Nimm deine Umgebung intensiv wahr, verschaffe dir ein genaues Bild deiner Wiese. Halte nun Ausschau nach einer Sitzgelegenheit. Dies könnte ein großer Stein sein, ein Baumstamm oder eine schöne Bank, die in der Nähe steht. Du wirst eine Sitzmöglichkeit finden. Nimm Platz und genieße es einen Moment, dort zu sein. Dann spüre in deine Füße hinein, fühle, wie du barfuß den Erdboden berührst. Jetzt bitte in reiner Absicht die Erde um stärkende Energien, möglicherweise hast du auch ein bestimmtes Anliegen, weil ein Körperteil verspannt ist, du erschöpft von der vielen Arbeit bist etc. Konzentriere dich nun auf deine Füße und spüre, wie wunderbare Energie in sie hineinströmt. Beginnend bei deinen Fußsohlen, geht sie weiter in deine Unterschenkel. Die Energie kann kühl oder warm sein, kann mit einer kraftvollen Wärme verbunden sein und ein Kribbeln oder Vibrieren hervorrufen. Genieße, wie die Energie in deine Knie, deine Oberschenkel, in deinen Bauch fließt. Wenn du Blockaden im Bauchbereich hast, wie das bei vielen Menschen der Fall ist, dann wirst du bemerken, dass die Erdkraft dort ein wenig verweilt und den Bereich reinigt. Das kann einen Druck in dir erzeugen, Tränen können kullern, um dann in einer schönen Entspannung zu enden. Lass einfach los. Die Energie strömt klärend in deinen Solarplexus und geht von hier hoch in dein Herz. Hier verweilt sie und bildet ein großes Feld wie eine Sonne. Genieße dieses Gefühl. Wenn du bereit bist, fortzufahren, konzentriere dich auf deinen Kopf und nimm wahr, wie die göttliche Energie aus der Quelle oben eintritt. Vielleicht bemerkst du, dass sich diese kraftvolle Energie anders anfühlt. Ich glaube, sie kommt dir leichter, fast schwebend vor. Beobachte nun, wie sie ihren Lauf nimmt und deinen ganzen Kopf durchflutet, dabei an einigen Punkten, vielleicht in der Mitte bei der Zirbeldrüse, verweilt und etwas in

Gang setzt. Vielleicht werden deine Gehirnhälften synchronisiert. Das mag sich so anfühlen, als würden sie verschoben werden. Lass es geschehen, ohne es zu werten. Die Energie fließt weiter in dein Drittes Auge und löst vielleicht dort eine Blockade auf. Weiter geht es in den Kehlkopf. Auch dies ist ein wichtiger Punkt, der viel Klärung braucht. Fühle hinein und beobachte, was geschieht. Auf dem Weg zum Herzen aktiviert die Energie etwas in deiner Thymusdrüse und fließt dann weiter Richtung Erdsonne. Nun vereinigen sich die beiden Energien in deinem Herzbereich, sie verschmelzen zu einer großen Sonne. Verweile in dieser starken Kraft, so lange du möchtest. In verkürzter Form kannst du dies auch in einer Arbeitspause oder zu anderen Gelegenheiten ausführen, wenn deine Zeit knapp bemessen ist.

Weitere Übungen

Meditationen und Begegnungen mit der Erde sind keine Grenzen gesetzt. Probiere Orte und Methoden nach deinem Geschmack aus.

Hast du dich schon mit Kristallen auseinandergesetzt? Bestimmt bist du ihnen schon nahe gekommen und hast einen oder mehrere in deinem Zuhause, vielleicht einen Rosenquarz oder eine Amethystdruse. Nimm öfter einen von ihnen zur Hand, versenke dich hinein und lausche, was er dir vermitteln möchte. Vielleicht sind es Eingebungen oder du verspürst Ruhe und Geborgenheit oder ein schönes Gefühl in deinem Herzen. Entgegen den Beschreibungen vieler Bücher möchte ich keine Spezifikationen zu einzelnen Kristallen vermitteln. Jeder ist individuell und kann sich auf dich einstellen. Auch er ist Bewusstsein und mit allem verbunden und wird spüren, was du brauchst.

Barbaras persönliche Erfahrungen

Mein Zuhause war vor einigen Jahren mit sehr vielen Kristallen und Steinen aus allen Ecken Deutschlands bestückt. Ich habe dann bei einem Umzug ganz in Ruhe alle Kristalle in die Hand genommen und sie gefragt, ob sie noch bei mir bleiben wollen. Die meisten baten darum, weitergehen zu dürfen. Ich habe dann jeweils hineingespürt, wohin, zum wem diese Kristalle wollten. Mir kam jeweils spontan in den Kopf, an wen ich ihn weiterreichen durfte. Auf diese Art und Weise sind viele von ihnen nun in anderen Händen und tun dort ihren Dienst. Mit den Steinen, die ich gefunden und gesammelt hatte, bin ich ähnlich verfahren. Manche gab ich weiter, andere kamen in meinen Garten oder in andere Gärten, einige an die Fundorte zurück. Manche liegen in Blumentöpfen. Ich habe auch gelernt, dass ich, wenn mir ein Stein am Meer oder anderswo besonders gut gefällt und ich ihn mitnehmen möchte, ihn frage, ob er mitkommen will. Oft kommt ein „Nein"!

5

Eine Reise nach Lemuria

Geliebtes Wesen, ich führe dich nun in eine Welt, die vor vielen tausend Jahren existierte und wahrlich paradiesisch anmutet. Ich möchte mit dir Lemuria, auch Lemurien genannt, besuchen. Lemurien hat vor circa 450.000 Jahren existiert, davon circa 100.000 Jahre gemeinsam mit Atlantis.

Wie schon erwähnt, war und ist die Erde, wie Alles-was-ist, einem Zyklus unterworfen. Die lemurische Zivilisation gehörte einem Zyklus an, der hoch entwickelt war. Es war auch die Zeit, in der die Menschen in bewusster Verbindung mit dem Höherem Selbst lebten. Ich möchte dich nun bitten, deine Augen zu schließen und dich einzustimmen auf eine Blüte der Vollkommenheit, eine Art zu leben, die wirklich paradiesisch war. Das resultierte daraus, dass die Lemurier von einem äußerst friedlichen und weisen Sternenvolk abstammten, das in Einklang mit der Natur lebte und sich gleichzeitig auf die höheren Ebenen einstimmte. Diese

Wesen waren sirianischen Ursprungs und gaben sich ganz ihrer Göttlichkeit hin, ehrten und liebten die Natur, Tiere und Pflanzen, die mit ihnen die Erde teilten. Sie waren sich der Erde als Lebewesen bewusst. Sie ehrten und liebten Gaia und zollten ihr den nötigen Respekt. Schritte in ihrer Entwicklung, die nicht in Einklang mit der Erde standen, erschienen ihnen undenkbar, sie wussten, dass sie ein Teil von ihr waren. Sie wussten, dass dieser Planet sie nährte. Nicht nur im unmittelbarsten Sinn des Wortes, sondern auch auf geistiger Ebene. So wie sie auch wussten und in ihrem Leben umsetzten, dass die Hauptnahrungsquelle die große Schöpfung ist, der Geist. In diesem Zusammenhang möchte ich gern darauf hinweisen, dass, wenn ich von Geist spreche, ich die Quelle mit allen ihren Attributen meine, die sie ausmachen, auch die Energie, die alles formt, die Urmaterie.

Ich möchte dich nun die Energie von Lemuria fühlen lassen. Stell dir vor deinem geistigen Auge die Erdkugel vor. Ich nehme dich mit und wir zoomen uns gemeinsam heran an einen Kontinent, der in der Nähe von Australien lag und sich bis über Neuseeland hinaus erstreckte. Es war ein ca. 150.000 Quadratkilometer großes Eiland. Schau dir nun das Bild an, das ich dir von diesem wunderschönen Reich schicke. Es war bewohnt von den Urlemuriern. Sie lebten nicht allein in der dreidimensionalen Welt, ihr Hauptdaseinsbereich lag in der fünften Dimension. Sie hatten die Fähigkeit, sich in beiden Bereichen zu bewegen und der Übergang geschah fließend. Sie taten das, was ihr Menschen heute anstrebt: in mehreren Dimensionen gleichzeitig bewusst und stabil zu leben. Euer Aufstieg ist eine Erweiterung des Bewusstseins und geht mit Veränderungen der körperlichen Strukturen einher. Je mehr du in höheren Dimensionen denkst und lebst, desto höher wird der Lichtanteil in deinen Zellen, und es wird dir leichter fallen, beide Lebensweisen miteinander zu vereinen. Dies ist nicht ganz vergleichbar mit den Lemuriern, weil sie den Weg in die entgegengesetzte Richtung gingen. So wie du es vor langer Zeit auch tatest. Für dich ist es weitaus schwerer, diesen Weg nun zurückzugehen. Zudem ist der Unterschied zwischen ihnen und dir, dass du es schaffen musst, die Energien von Lemuria und Atlantis wieder zu erfahren, früher Erlebtes zu akzeptieren und auch auszugleichen. Lemuria und Atlantis werden wiedergeboren. Es ist nicht so zu verstehen, dass die Landmassen der untergegangen Kontinente wieder emporkommen, sondern die geistige Essenz dieser alten Kontinente und Zivilisationen wird in dir und im Massenbewusstsein der Menschen erneut aktiviert. Sie will bearbeitet, losgelassen und integriert werden. Das neue Zeitalter, in dem du schon mit einem Bein stehst, unterscheidet sich außerdem von Lemurien dadurch, dass auch technische Neuerungen mit der Herzensöffnung einhergehen. Die Aufgabe besteht darin, die auf Natur, Erde und Kosmos bezogene Lebensweise mit neuen Technologien zu verbinden. Wer dann lemurisch leben möchte, kann dies tun, indem er sich aufs Land zurückzieht und in enge Verbindung mit der Erde tritt. Andere Menschen werden die neuen

Technologien leben und damit experimentieren wollen, um so neue Erfahrungen zu sammeln, die auf wissenschaftlicher Ebene zu phänomenalen Ergebnissen führen. Auch dies muss aus dem Herzen heraus geschehen, nicht nur mit dem Verstand. Alle Neuerungen werden nur dann fruchtbar und zum Wohle aller sein, wenn die beteiligten Menschen aus dem Herzen heraus arbeiten, von der göttlichen Quelle inspiriert. Ihr habt die Aufgabe, euch von alten Machtstrukturen zu lösen. Doch dazu kommen wir gleich, wenn wir Atlantis besuchen.

Hast du noch das Bild von Lemuria vor Augen? Wir wollen jetzt einen Teil Lemurias besuchen. Folge mir. Ich führe dich in eine herrliche Landschaft. Schau dir die hohen Bäume an, Bäume, die du in diesem Leben nicht kennst. Üppige Vegetation erwartet dich, viele Blumen wollen dich einladen, sie kennenzulernen und bei ihnen zu verweilen. Nimm dir Zeit, dies alles zu erkunden, und lege das Buch zwischendurch gern beiseite. Die Flora und Fauna waren den Gegebenheiten angepasst. Die Schwingungen der Erde waren zu dieser Zeit noch höher. Die Luft hatte eine andere, an Nebel erinnernde Konsistenz. Hohe Luftfeuchtigkeit machte es möglich, dass in einigen Gebieten eine Art Regenwald existierte. Andere Gegenden waren gebirgig und weniger üppig bewachsen, aber als Siedlungsraum gut geeignet. Die Bevölkerungsdichte war gering. Die Lemurier praktizierten in einigen Zentren sehr erdverbundene Heilweisen, die ihr als schamanische Rituale bezeichnen würdet. Sie verständigten sich telepathisch. Ihr Drittes Auge war stark ausgeprägt, deshalb bemerkten sie es sofort, wenn in den Körpern ihres Gegenübers etwas nicht im Gleichgewicht war. Sie klärten mithilfe ihres Gottselbst Unreinheiten, wussten viel über die Heilkraft der Kräuter, die Energien der Bäume und deren Schutzgeister. Sie ernährten sich von Prana, der göttlichen Ursubstanz, und von Pflanzen, Kräutern und Früchten. Das variierte im Laufe der vielen Jahre. Als sie anfingen, die Erde zu besiedeln, war ausschließlich Prana ihre Nahrung. Später kamen die irdische Substanzen dazu. Es war ihnen möglich, sich von beidem zu ernähren. Sie kannten die Kraft der Elemente und wussten sie zu ihrem eigenen Wohle einzusetzen. Sie kommunizierten mit den hohen Wesenheiten, die alle Elemente leiten. Die Heilung von Körper, Geist und Seele geschah über Harmonisierung auf geistiger Ebene mit Unterstützung hoher Wesenheiten. Zelebriert wurde dies vielfach in der Gemeinschaft der ganzen Familie. Dort wurde offen und liebevoll geklärt, was zu den Unausgeglichenheiten geführt hatte. Die Gemeinschaft wurde, wie in alten Urvölkern heute noch, durch einen demokratisch gewählten Ältestenrat geleitet. Alter wurde mit Weisheit assoziiert. Zugleich gab es lichte, sehr weise Lemurier, die sich durch starke Verbindungen zu anderen Welten und Ebenen hervortaten und geistig reisten, um Hinweise und Ratschläge zum Wohle ihres Volkes zu empfangen. Sie lebten oft sehr abgeschieden und wurden zu bestimmten Zeiten konsultiert.

Verstehe mich nicht falsch: Die Lemurier lebten sehr naturverbunden, waren aber auch sehr universell ausgerichtet. Geistige Fähigkeiten aus anderen Dimensionen waren für sie abrufbar, sie konnten von einer Dimension in die andere wechseln. Sie kannten die Kraft des Geistes und lebten nach den kosmischen Gesetzen. Ihr Wissen erlaubte ihnen, Orte zu erschaffen, wo große Kristalle hohe Energien zur Heilung, zur Kommunikation mit anderen Planeten, zur Informationsübertragung, zum Lehren und Lernen zur Verfügung stellten. All dies geschah zum Wohle aller. Die Lemurier lebten meist in größeren Gemeinschaften, große Städte waren unbekannt. Es war sehr beliebt, umherzuziehen und dabei Riten im Einklang mit den Erdzyklen zu zelebrieren, um so die Verbindung zur Erde zu ehren. Viele von den alten Seelen auf der Erde, wie du eine bist, lebten in Lemuria und fühlen sich immer mehr von diesem alten Wissen und der Lebensart angezogen. Zum Ausdruck kommt das heute in Menschen, die „zurück zur Natur" wollen, Kontakt zu Walen und Delfinen suchen oder reine Nahrung und körperlichen Bewegung lieben. Das beruht auf Erinnerungen an Lemuria, die hervorblitzen und gelebt werden wollen. Du weißt in deinem Herzen, dass die dortige Lebensweise sehr harmonisch und ausgeglichen war.

Die Statur der Lemurier war kleiner als die der heutigen Menschen. Ihre Lebensspanne betrug etwa 350 Jahre. Jeder bestimmte für sich selbst, wann es Zeit war zu gehen. Doch ich möchte hier nicht zu viele Details über Lemuria erzählen, denn es gibt schon einige sehr schöne, authentische Bücher mit gechanneltem Wissen dazu. Meine Aufgabe ist es, dich damit vertraut zu machen, dass du wahrscheinlich dort gelebt hast und dass es nun darum geht, dich der Herrlichkeit zu erinnern und diese alten Lebensweisen und Qualitäten in dein jetziges Leben zu integrieren.

Weißt du, diese Worte, die ich jetzt an dich weiterleite, sind Energiepakete. Es handelt sich wirklich nicht nur um Wissen, was diese Zeilen vermitteln. Wenn du jetzt noch einmal deine Augen schließt, werde ich dich nach Lemurien begleiten, damit du fühlst, wie es dort war. Wie du deine Reise ausdehnst, ob du Erkundungen unternimmst, Lemurier triffst oder gar dich selbst, das überlasse ich dir. Diese Zeilen dienen der Einstimmung. Erfahre über das Fühlen neues Altes.

Wie alles, war auch diese Zivilisation einem Zyklus unterworfen. Dieser Zyklus brachte mit sich, dass andere Stämme und Völker das Terrain eroberten. Die Lemurier zogen sich teilweise ganz in die fünfte Dimension zurück, weil das Leben in den eroberten Gebieten nicht mehr ihren Vorstellungen entsprach. Einige kämpften mit den Eroberern und verließen die Erde. Wieder andere blieben, um sich ganz der dritten Dimension zu stellen. Und noch andere zogen es vor, ins Innere der Erde zu gehen. Dort leben sie noch heute auf einer nicht drittdimensionalen Ebene.

Ihr habt sicher von Mount Shasta gehört, diesem mystischen Ort in Kalifornien. Im Inneren dieses Berges und auch in dem darunter liegendem Areal leben Lemurier, die darauf warten, mit Menschen Kontakt aufzunehmen. Es ist ihnen möglich, den Menschen zu begegnen, da sie zwar höherdimensional leben, aber auch drittdimensional agieren können. Sie bevorzugen es, Menschen zu treffen, die schon die höheren Energien bewusst tragen, den Weg zurück in die Einheit gehen wollen und wissen, dass es an der Zeit ist, sich wieder mit der Erde zu verbinden und sie zu ehren. Sie sind voller Vorfreude darauf, euch zu begegnen und ihr Wissen mit euch zu teilen. Es reisen bereits einige Menschen dorthin, um diesen spannenden Kontakt aufzunehmen, sei es im Geiste oder sogar direkt.

Jetzt musst du nicht gleich die Koffer packen und nach Mount Shasta reisen, um Lemurier, um Verwandte zu treffen. Wie du im Kapitel über das Innere der Erde lesen wirst, gibt es auch andere Gegenden, die einen guten Kontakt ermöglichen. Aber warum willst du materiell reisen? Im Geiste ist alles möglich. Wenn du die Absicht hast, geistig Kontakt aufzunehmen zu den Brüdern und Schwestern aus Lemuria, dann wird es geschehen, egal wo du gerade bist.

Eine Übung für dich

Die Übung, die ich dir jetzt anbieten möchte, ist sehr diffizil, sie erfordert deine ganze Aufmerksamkeit und dein Vertrauen. Schiebe deine Zweifel beiseite und entdecke mit mir, wer du in Lemuria warst. Sicherlich hattest du dort mehrere Inkarnationen. Aber für dein Wachstum ist es förderlich, jetzt und hier etwas anzuschauen, was dir herauszufinden hilft, wo deine Berufung liegen könnte, falls du es noch nicht weißt. Damit will ich nicht sagen, dass du eine bestimmte Berufung haben musst. Es könnte auch sein, dass es vollkommen ausreicht, zu erkennen, wer du bist, um dann dein Sein den anderen Menschen zur Verfügung zu stellen. Bist du bereit? Ich bitte dich wieder, dir eine Wiese vorzustellen. Einzelheiten dazu findest du in den vorherigen Übungen. Du stehst jetzt ganz eingetaucht in dein geistiges Sein auf der Wiese, befühlst dich noch einmal von oben bis unten mit deinen geistigen Händen, spürst deine Haare, dein Gewand und machst dich bereit für einen Spaziergang auf der Wiese. Am Ende der Wiese steht eine lichtvolle Pyramide. Dort hast du die Möglichkeit, in eine andere Welt einzutauchen. Sie ist wie eine Zeitschneise, die dich nach Lemuria bringt. Nähere dich der Pyramide und begib dich hinein. Es könnte sein, dass du keinen Eingang siehst. Aber nachdem du in dich hineingehorcht hast, wirst du wissen, wie du hineinkommst. Das Innere der Pyramide kann ich dir nicht beschreiben. Du bist plötzlich in einem anderen Szenario. Du bist vielleicht in einer Pyramide, die dein damaliges Wirkungsfeld war. Vielleicht. Oder du bist in einem anderen Schaffensfeld, vielleicht auf weiter Flur, im Wald oder bei anderen Menschen. Das ist ganz auf dich zugeschnitten und kann bei weiteren Reisen auch variieren. Du fühlst erneut an dir selbst herunter und stellst eine Veränderung deines Äußeren fest. Du empfindest dich so, wie du dort zu einer bestimmten Zeit warst. Schaue, wer du bist und was dort deine Aufgabe war. Jetzt lasse ich dich allein. Du wirst wissen, was zu tun ist. Erkunde dein Zuhause, dein Wirkungsfeld und dein Wissen in Lemuria.

Weitere Übungen

Es gibt ein paar sehr schöne Bücher über Lemuria. Wenn du dich mit dem Angebot befasst und es dich von Herzen interessiert, wirst du das passende Buch finden, um dich noch mehr auf Lemuria einzustimmen. Vielleicht kommt dir beim Lesen das eine oder andere bekannt vor, das du vertiefen und in dein Leben, deine Arbeit integrieren möchtest. Noch eine kleine Anmerkung zu früheren Leben: Ich empfehle nicht, sich ständig mit anderen Inkarnationen auseinanderzusetzen. Ich bin allerdings sicher, dass außergewöhnliche Leben dir helfen können, dich selbst besser kennenzulernen. Dann empfehle ich sogar das Hineinschlüpfen und das Wiedererleben, um Qualitäten und Wissen wieder zu aktivieren.

Barbaras persönliche Erfahrungen

Ich lebte einige Male in Lemuria, das habe ich herausgefunden, selbst nacherlebt auf geistigen Reisen, und Kryon hat es mir bestätigt. Darauf möchte ich jetzt nicht näher eingehen, Sie haben sicher Ähnliches erlebt. Eine Inkarnation ist mir allerdings besonders ans Herz gewachsen:

Ich war eine Geburtshelferin. Wie ich dort den Familien half, sich auf einen neuen Erdenbürger vorzubereiten, lässt sich nicht damit vergleichen, wie dies heute geschieht. Wenn ein Paar sich darauf einstimmte, einer anderen Seele behilflich zu sein, auf der Erde zu inkarnieren, war das eine wichtige Entscheidung und wurde vielfach in der Großfamilie und mit dem Weisen des Dorfes erörtert. Man wusste dann auch, wer inkarnieren wollte, und stimmte sich inniglich auf ihn/sie ein. Geistiger Kontakt zu der Seele war normal. Während der Schwangerschaft wurde der Körper der Frau dem des Embryos optimal angepasst. Ich hatte die Pflanzen in meinem Garten, aus denen die entsprechenden Mittel hergestellt wurden. Ich empfing Botschaften der Seele, die kommen wollte, und half, dass alles in Harmonie war. Der Vater war genauso involviert wie die Mutter. Er trug das Kind im Geiste mit und verband sich vollkommen mit dessen Seele. Die Seele war nicht immer im irdischen Embryokörper. Sie wandelte und agierte in vielen Ebenen, war aber stets mit der Mutter verbunden und quasi schon bei allem, was in der Familie geschah, mit eingebunden. Da die Frauen in der Zeit fast angstfrei lebten und Schmerz durch Verspannungen und Verkrampfungen nicht kannten, empfanden sie die Geburt als beglückendes, sexuelles Erlebnis. Dem Mann erging es ebenso. Es war eine reine Lust, dieser Geburtsvorgang. Ja, da war vieles ganz anders. Ich habe das Baby, die Familie noch eine Weile begleitet, bis ich nicht mehr gebraucht wurde. Es war ein herrliches Leben!

6

Eine Reise nach Atlantis

Was wäre eine Reise in die Vergangenheit der Erde, ohne dabei Atlantis einen Besuch abzustatten? Gemessen an der langen Geschichte dieses Planeten, umfasst Atlantis nur eine kurze Zeitspanne. Doch Atlantis ist für die heutige Menschheit von großer Wichtigkeit.

Wie du schon erfahren hast, ist die Erde ein Wesen mit verschiedenen Körpern, genau wie du. In den niederen feinstofflichen Körpern von Gaia sind all ihre Erfahrungen gespeichert. Sie sind außerdem in das Massenbewusstsein der Menschheit, in die morphogenetischen Felder einprogrammiert. Das bedeutet, dass alle Aktivitäten und Erfahrungen des Menschen heute von den atlantischen Prägungen beeinflusst sind. Atlantis, so könnte man es auch formulieren, lebt immer noch im Geiste, beeinflusst die Handlungsweisen der Menschen und beeinträchtigt ihre freie Entwicklung. Dies zu heilen, ist übrigens eines der Hauptziele, wenn wir mit euch arbeiten. Wir geistigen Helfer möchten euch vermitteln, dass es wichtig ist, frei zu entscheiden. Und wie könnt ihr frei entscheiden, wenn ihr unter anderem immer noch beeinflusst seid von dem, was in alten Zeiten geschah und nicht immer in Liebe war?

Damit will ich nicht sagen, dass alles, was in Atlantis geschah, lieblos und roh war. Nein, Atlantis durchlief verschiedene Entwicklungsphasen, abhängig von der Entwicklung der Menschheit, die wiederum von den Kämpfen und Machtstrukturen anderer Rassen und sich einmischenden Außerirdischen beeinflusst wurde. Die Atlanter stammten von einem anderen Volk ab als die Lemurier. Ihre Grundgenetik kam von den Plejaden. Dieses Sternensystem zeichnet eine vielfältige Besiedlung aus. Auf den einzelnen Planeten existieren ganz unterschiedliche Lebensformen mit verschiedenen Einstellungen zu Gut und Böse und zur Macht. Die allumfassende Liebe wird nicht auf allen Planeten als das höchste Gut betrachtet. Ich bringe dies nicht als Wertung, nur als Information. Meine Bitte an dich ist: Versuche all diese Berichte neutral aufzunehmen. Die Bewertung erfolgt sowieso schon durch die Erfahrungen, die in deinem Körpersystem gespeichert sind. Der Grund ist, dass du viel in Atlantis erlebt und es wahrscheinlich noch nicht verarbeitet hast.

Die meisten von euch, liebe Freunde, waren vielfach in Atlantis inkarniert. Und viele von euch erlebten den epochalen Untergang. Holt tief Luft, weil es sein könnte, dass ihr jetzt einen Schmerz oder einen Druck irgendwo in eurem

Körper spürt. Alles tief Erlebte ist in euren Körpern gespeichert und macht sich bemerkbar, wenn die Erinnerung daran wach wird. Und das ist jetzt möglicherweise der Fall. Atlantis prägt alle Menschen dieser Zeit. Alle. Nicht allein durch das, was jeder selbst erlebte, sondern durch die gespeicherten Erfahrungen im Massenbewusstsein. Viele Menschen, ich meine besonders die alten Seelen, werden jetzt an diese Zeit in Atlantis erinnert, weil die Welt sich in einer ähnlichen Phase befindet. „Alles oder nichts" könnte das Motto heißen, das nun ausgerufen ist. Es erfordert Mut, sich den Herausforderungen dieser Zeit zu stellen.

Wir sprachen schon über die Missbräuche an Mutter Erde und Mensch, die in den letzten 150 Jahren immer intensiver verübt wurden. Es gab eine Zeit, als die Menschen diesem eher ohnmächtig ausgeliefert waren, da die Macht in den Händen weniger Wissenden lag. Es war die Zeit, als es noch kein Telefon, kein Fernsehen, kein Internet gab und die Menschen beschränkten Zugang zu Informationen hatten. Das ist vorbei. Jeder von euch hat die Möglichkeit, sich zu informieren. Und jeder von euch ist aufgerufen, zu prüfen: „Was kann ich tun, um der Erde dienlich zu sein? Wie kann ich mein Leben verändern und so leben, dass ich mir selbst ruhigen Gewissens in die Augen schauen kann? Wie kann ich die Welt meinen Nachkommen heil hinterlassen?" All das sollte sich jeder erwachsene und heranwachsende Mensch fragen. Einige Kinder machen es euch Älteren vor. Sie erheben sich ganz selbstverständlich und erklären, was ihnen nicht gefällt, oft sehr zum Leidwesen der Etablierten. Neue Zeiten brechen an. Nichts kann mehr zugedeckt werden. Missbräuche jeglicher Art an Mensch, Tier, Pflanzenwelt und Erde wollen aufgedeckt und beseitigt werden. Es ist wie ein großes Aufräumen, und das ist der Weg in die Freiheit. Nur die neuen Kinder, die mit veränderter DNS auf die Erde kommen, sind ausgenommen, weil viele der alten Prägungen bei ihnen schon gelöscht sind.

Atlantis erlebte viele kleine Katastrophen, die letztlich zum Untergang führten. Immer wieder wurden technische und energetische Versuche unternommen, die einerseits direkt oder später durch den anhaltenden Nachhall auf geistiger Ebene die Erde veränderten. Der letzte große Schub, der das Versinken des Kontinents einleitete, wurde durch Missbrauch mit Tönen ausgelöst. Töne sind Schwingungen. Diese Schwingungen, die in Experimenten erzeugt wurden, standen in zerstörerischer Resonanz zu den Schwingungen, mit denen die Erde erschaffen wurde. Diese Versuche erstreckten sich über einen langen Zeitraum. Es waren auch Außerirdische beteiligt, die an bestimmten Erdmineralien interessiert waren und im Austausch wissenschaftliche Neuerungen anboten. Es wiederholt sich vieles, nicht wahr? Die Menschen, die an strategisch wichtigen Positionen in Atlantis agierten, waren stark mit dem Thema Macht verbunden und wollten lernen, damit umzugehen. Teilweise waren es Wesen, die schon auf einem anderen Planeten, der durch Atomversuche unterging, Machtthemen bearbeitet hatten.

Heute ist dieses Machtthema erneut deutlich spürbar auf der Erde. Das meinte ich mit der Bemerkung, Atlantis erhebe sich wieder. Die Energien kommen nach oben und wollen ausgeglichen werden. Das kann jeder Mensch für sich tun, aber nicht nur, um sich selbst zu helfen, sondern auch der Allgemeinheit.

Ich habe in diesem Buch noch nicht über die 1:1 Heilung gesprochen. Das ist eine Heilung in der Neuen Energie. Sie beginnt bei dir, um sich dann, wenn du klar und geheilt bist und dein starkes Licht ausstrahlst, auf andere auszubreiten, von einem Menschen zum anderen. Es funktioniert wie bei einem Schneeballsystem. Ich will dir damit sagen, dass du auch das Massenbewusstsein umformst, wenn du dein Atlantisthema anschaust und klärst. Und die weitere gute Nachricht ist, dass dir und der Menschheit durch die vielen Helfer, die jetzt da sind, große Unterstützung bei diesem Prozess zuteil wird.

Im Gegensatz zu anderen Stimmen möchte ich vermitteln, dass das Massenbewusstsein bezüglich Atlantis noch nicht verändert wurde. Ich bin sicher, dass es noch einige Jahre dauern wird. Aber, du weißt ja, genaue Vorhersagen sind nicht möglich. Der Mensch selbst entscheidet durch seine Schritte, wie es weitergeht.

Jetzt wirst du vielleicht fragen: „Es macht mir Angst, wenn ich in diese Atlantiszeit hineinfühle. Warum musste das geschehen, warum hat Gott das zugelassen?" Ja, ich weiß, dass solche Fragen öfter auftauchen, weil euch Geschehnisse dieser Art sehr bewegen, sogar irritieren. Wir sprachen schon darüber, dass es einen festen Plan für Alles-was-ist gibt. Erfahrungen werden im Rahmen eines Spielplans gesammelt, der variabel ist. Auch das „Böse" ist als Element in diesem Spielplan enthalten, sonst könnte das sogenannte Gute sich nicht herauskristallisieren. Die Erfahrungen in und mit Atlantis sind notwendig gewesen, sie waren für den damaligen Zyklus angemessen.

Atlantis hatte verschiedene Phasen. In der Hochzeit lebten die Menschen ausgeglichen und harmonisch miteinander. Immer wieder kam es allerdings zu Kämpfen um Grund und Boden. Auch um die Befriedigung menschlicher Grundbedürfnisse wurde gefochten, Unterdrückung und Gewalthandlungen nahmen zu. Eingriffe von außerirdischen Brüdern und Schwestern schürten diese Auseinandersetzungen. Nicht alle Phasen dieser Zivilisation waren unruhig. Es gab auch Zeiten des Friedens. Für uns hier, bei dieser Art der Auseinandersetzung mit Atlantis ist es wichtig, alte Muster, Traumata aus Zeiten des Machtmissbrauchs zu löschen. Ich könnte Bücher füllen mit Schilderungen über diese Ära. Aber das überlasse ich anderen Lehrern und deren Autoren.

Jetzt ist es an der Zeit, dich an die Hand zu nehmen und nach Atlantis zu führen. Schließe deine Augen und stell dir die Erde von oben vor, ich zoome uns nach Atlantis. Es lag größtenteils im Atlantischen Ozean, quasi auf der anderen Seite von Lemuria. Die Azoren, Hawaii und noch ein paar andere Inseln sind Überreste von Atlantis. Du kannst dir also ungefähr die Größe vorstellen. Die Landmassen von heute waren damals nicht in der Form existent. Mach dir also keine Gedanken, wie Atlantis zwischen die Landmassen passen könnte. Nun landen wir in einer Zeit der großen Pyramiden. Nicht die von Gizeh, die wurden später nach den atlantischen Vorbildern gebaut. Du stehst vor einer Pyramide im Zentrum einer der größeren Städte im Süden von Atlantis. Das Klima ist mild. In dieser Pyramide ist die Verwaltung dieser Stadt. Und wenn du dich umschaust, siehst du, wie um sie herum die anderen Gebäude und Straßen kreis- und sternförmig angelegt sind. Die Erbauer kannten die Kraft der göttlichen Geometrie. Erkunde das Terrain, wenn es dir möglich ist, oder verweile. Lege gern das Buch einen Moment beiseite und stimme dich ganz ein.

Atlantis war die Kultur der großen Erfindungen und deren Einsatz im großen Stil. Durch die Verbindungen zu außerirdischen Brüdern und Schwestern gab es Neuerungen im Bereich der Energiegewinnung, der Ernährung, die übrigens immer materieller wurde, der Heilweisen, der Baukunst, der sozialen Strukturen. Nicht alles sollte man mit kritischen Augen betrachten. Vieles war durchaus geeignet, das Allgemeinwohl zu fördern. Nur verhielt es sich damit so, wie es in der Analogie mit dem Brotmesser zum Ausdruck kommt.

Der Unterschied zu Lemurien liegt in der Betonung der Technik. All die technischen Neuerungen, die sich nicht unbedingt im Einklang mit der hohen göttlichen Energie befanden, brachten Unsicherheiten, Verführungen und Dualität mich sich, die letztlich zu Unterdrückungen und zu Manipulationen führten. Der Einsatz der technischen Hilfsmittel für das irdische Leben war nicht in die allumfassende Liebe eingebunden, es war ein Experimentieren auf der Ebene des niederen Ichs. Das galt nicht für alle Menschen, aber vielfach für die Herrschenden und deren Handlanger. In den späteren Epochen dieses Kontinents geschah wenig im Einklang mit der Natur, was dazu führte, dass Erde und Natur sich wehrten. Und so wie alles dem Resonanzgesetz unterstellt ist, zogen in der letzten Phase von Atlantis Unklarheit, Chaos, dunkle Intrigen Ähnliches an.

Ich möchte noch einmal betonen: Der Sinn unserer kleinen Exkursion liegt darin, die alten Energien von Atlantis, die Angst vor Tod und Machtmissbrauch enthalten, zu erlösen. Darum möchte ich dich jetzt bitten, wieder die Augen zu schließen und mich in den letzten Daseinabschnitt von Atlantis zu begleiten. Folge mir in die Zeit des Untergangs von Atlantis. Ich führe dich in die Situation, die für dich die richtige ist. Da du eine alte Seele bist, warst du wahrscheinlich auch in der Zeit inkarniertet, wenn auch vielleicht nicht unmittelbar beteiligt. Doch ob du Akteur, Zuschauer oder Geheimnisträger warst, ist nicht wichtig. Ihr alle wart Täter und Opfer. Schau dir die Bilder an, die ich dir schicke. Wenn dies nicht auf Anhieb gelingt, dann nimm dir Zeit für einen neuen Anlauf. Ich helfe dir, die Ängste, die den Zugang blockieren, zu lösen. Und wenn es dir gar nicht gelingt, sei nicht enttäuscht oder traurig. Es ist nicht unbedingt notwendig, dass du dir dieses Szenario anschaust, es reicht schon, wenn du die Absicht erklärst, von diesen alten Mustern befreit zu werden. Das genügt. So sei es.

Atlantis hat viel technisches Wissen mit in die geistigen Reiche genommen. Es haben sich zudem hoch entwickelte Wesen, wie Saint Germain, Jesus, Thot, um nur einige zu nennen, vor dem Untergang bereit erklärt, das Wissen zu schützen und in andere Erdgebiete zu bringen. Bekannt ist, dass einiges Wissen nach Ägypten und in andere Bereiche des Orients ging. Ebenso zogen Trupps nach Südamerika und China. Was nicht bekannt ist, möchte ich euch offenbaren: Weiteres Wissen ist im deutschsprachigen Raum versiegelt, wiederum einiges im hohen Norden, in dem Bereich des Nordpols. Das in der europäischen Zone gelagerte Wissen (ich spreche ungern von Ländern, weil das zu Wertungen führt) wird schon verbreitet. Wisst, dass viele Umstrukturierungen, besonders im sozialen Bereich und im Bereich der Herzensarbeit, aus dieser Ecke in die Welt gelangen werden. Der letzte Weltkrieg hat Kollektivschuld dieser Landstriche gelöscht. Da auf der gesamten Erde jedes Fleckchen mit karmischen Mustern belegt ist, müssen diese Muster auch aufgelöst werden. Dies ist in den vom letzten Weltkrieg betroffenen Gebieten geschehen. Nun darf sich Neues auf diesem neutralen Boden entwickeln.

Wenn jetzt in deinem Kopfe herumspukt, wo denn im deutschsprachigen Raum Wissen gelagert ist, muss ich schmunzeln. Es sind keine großen, mit Schlössern versehenen alten Truhen, die zu öffnen sind. Es sind energetische Informationen, die, in Pakete geschnürt, an einen versiegelten geistigen Ort darauf warten, von den richtigen Schlüsseln (Menschen und Situationen) und von hohen geistigen Wesen geöffnet zu werden. Sagt dir der Name Unterberg etwas? Vielleicht bist du einer dieser vielen Schlüssel? Es ist auch nicht so zu verstehen, dass ein einzelner Mensch diese Informationen freisetzt. Es geht hier ums Kollektiv. Mach dir keine Sorgen, auch das ist geführt und gelenkt. Die technischen Neuerungen, die anstehen, werden Stück für Stück offenbart, immer passend zum Bewusstseinsstand der Menschen. Wenn du nun mit einem Auge auf die Regierungen und deren Verhalten blickst, darf ich dir versichern, dass bei allen Aktivitäten der freie Wille des Menschen respektiert wird, auch wenn er nicht dem Allgemeinwohl der Menschheit dient. Das gehört zum Spielplan dazu. Aber wenn der neue Weg der Erde gefährdet ist, werden von uns Schritte unternommen, um die destruktiven Kräfte zu stoppen. Dieses ist uns gestattet und passt wieder zu der Information, dass es für alles einen großen Plan gibt. Und der Plan des Schöpfers hat für die Erde nun einen neuen Weg kreiert. Du kannst helfen, das Erbe von Atlantis von seinen düsteren Anteilen zu befreien, indem du sie löschst, integrierst und aus tiefstem Herzen dir und den anderen Beteiligten verzeihst. Das ist ein wichtiger Schritt zur Öffnung deines Herzens!

Eine Übung für dich

Nachdem du dich, wenn vielleicht auch zaghaft, den gespeicherten Untergangsenergien von Atlantis gestellt hast, schadet es nicht, dass du dich noch einmal hineinbegibst und um Klärung deiner Körper bittest. Wer könnte dies besser tun als Saint Germain, der Hüter und Lenker des siebten göttlichen Strahls, der violetten Flamme!? Ich entführe dich nun nach Atlantis, nun allerdings an einen wundervollen Ort, ich geleite dich in die Tempelanlagen von Tien, so wurden sie genannt. Dort wirkten viele weise Lehrer unter Anleitung von Saint Germain und Zadkiel, um den Menschen die Möglichkeit zu geben, sich zu reinigen, mental zu klären und Schwierigkeiten mit den Mitmenschen und in der Familie besser zu bewältigen. Die Anlage hatte die dir bekannte Violette Heilflamme in ihrem Zentrum. Der Heilungstempel war untergliedert in verschiedene Bereiche: Zum einen bot er die Möglichkeit der körperlichen Reinigung durch Heilbäder, die mit Kräutern, Essenzen und Farben verfeinert waren, je nach Bedarf. Wassertherapien aller Art wurden eingesetzt, Einzeltherapien mit Farben und Tönen waren möglich. Die Schwingungen glichen die Disharmonien auf den unterschiedlichen Ebenen der Körper aus. Schwerwiegenden Störungen wurden durch Prana und höhere geistige Energien ausgeglichen. Themen wurden besprochen, um Klarheit zu erreichen. Dieser Tempel hatte auch Bereiche, die den Menschen auf musischer Ebene ansprachen. Gemütliche Räume luden zum

Lesen, Meditieren und Tagträumen ein, getanzt wurde nach vielen Stilen und Traditionen. Kurz: Alles, was Körper, Geist und Seele labte, konnte der Atlanter tagelang genießen, um dann fröhlich, heil und gestärkt wieder in den Alltag zurückzukehren. Die Anlage war über lange Zeit im Einsatz. Nicht immer wurde sie von Saint Germain und hoher geistiger Energie geleitet. Auch hier kamen Veränderungen, die mit der gesamten Umstrukturierung zu tun hatten, die Atlantis erlebte. Die Nachfolger Saint Germains erprobten neue Heilweisen. Sie ließen sich von der Neugierde und dem Streben, gottgleich zu sein, leiten. Ich sprach schon über diesen Weg. Ich möchte dich nun einladen, mir in die Hochzeit von Atlantis zu folgen, um in den Genuss dieses Tempels zu kommen. Saint Germain, der bekannte Zeitreisende, wartet schon auf dich. Schließe deine Augen, fühle meine Hand und stell dir vor deinem inneren Auge den prachtvollen Eingang einer Tempelanlage vor. Ich leite dich. Bist du dort angekommen? Prima, dann öffne die Tür und tritt ein. Du wirst schon erwartet. Saint Germain höchstpersönlich ist da, um dich zu empfangen. Was für ein herzliches Willkommen. Ihr seid euch gut bekannt, ihr kennt euch schon lange. Er reicht dir galant seinen Arm, er ist ein humorvoller Charmeur. Wenn du mehr über seine irdischen Leben wissen möchtest, lies es in den Schriften nach, die darüber berichten. Jetzt überlasse ich dich den liebevollen Heilenergien der Anlage. Saint Germain wird dich gut betreuen und vielleicht mit dir besprechen, was zu tun ist. Wenn du noch nicht so gut Botschaften empfangen kannst, lass dich einfach führen. Saint Germain weiß, dass du noch übst, und wird dir auf seine Weise vermitteln, was nun geschehen soll. Es ist möglich, dass dieser Besuch wiederholt wird, das heißt, dass du öfter eingeladen wirst. Du wirst es wissen, wenn es so sein soll.

Weitere Übungen

Ein vielfaches Beschäftigen mit Atlantis ist nicht sinnvoll, wenn es der Neugierde dient. Deine Aufgabe liegt im Hier und Jetzt, in der Gegenwart, denn die formt deine Zukunft. Wenn es allerdings dazu dient, dass du in deine Kraft kommst, deinen Dienst endlich antrittst und deinen Selbstwert erkennst, dann beschäftige dich mit Atlantis. Wie du dies tun sollst? Schließe die Augen und bitte deine geistigen Führer oder/und dein Höheres Selbst, dir zu vermitteln, ob weitere Exkursionen nötig sind. Du wirst vor deinem inneren Auge wahrnehmen, ob du an die Hand genommen wirst, um neue Erkenntnisreisen zu unternehmen. Das lässt sich noch besser herausfinden, wenn du dich mehr mit dem Channeln befasst, dann kannst du dies erfragen. Im Zweifelsfalle solltest du darauf vertrauen, dass deine Helfer und deine göttliche innere Instanz das einleiten, was notwendig ist und nun ansteht. Vertraue dir!

Anmerkung

Vielleicht beobachtest du an dir, dass die Neugierde sehr stark ist, mehr über die Ära von Atlantis zu erfahren. Oft ist Neugierde nur eine Suche nach Befriedigung oder ein Ausdruck von Langeweile. Darauf zielt auch die Boulevardpresse mit ihren sensationslüsternen Neuigkeiten ab. Ich möchte dies nicht weiter beschreiben, du wirst wissen, wie ich es meine. Verstehe, Atlantis war eine fruchtbare und furchtbare Zeit. Beides. Ein gutes Beispiel für Dualität. Für eine ausgeglichene Art zu leben, eine naturverbundene Art zu wachsen richte deine Aufmerksamkeit auf Lemuria. Damit will ich nicht urteilen, nur sanft und in Liebe lenken.

Barbaras persönliche Erfahrungen

Auch ich habe alte Erfahrungen in mir gespeichert, ich bin genau wie viele, die jetzt auf der Erde leben, eine alte Seele und habe viel erlebt. Oder exakter ausgedrückt, meine Seele hat viel erlebt. Ich zog immer wieder ein neues Gewand an, um zu lernen. Atlantis habe ich auch nicht ausgelassen, und so manche Nacht bin ich schweißgebadet aufgewacht und sah mich in großen Wassermassen voller Trümmer treiben.

Ich bat dann Saint Germain und auch Erzengel Michael um Reinigung. Das geschah. Aber ich habe das Gefühl, dass immer noch Reste in mir sind. Andererseits durfte ich mir auch die „schönen" Zeiten anschauen. Ich sah mich als Priesterin in herrlichen Gewändern mit Kristallen arbeiten. Ich erlebte mich als Heilerin und auch als Lehrerin für Heilweisen. Ich sah meine Liebeserfahrungen mit Partnern. Einige habe ich in diesem Leben schon wieder getroffen, allerdings oft in flüchtigen Begegnungen. Auch in Menschen, die zu meinen Seminaren kommen, erkenne ich oft Lemurier und Atlanter. Das ist sehr spannend. Manchmal erinnern wir uns gemeinsam und müssen lachen und staunen, wie dies alles göttlich geführt ist. Es geht wirklich darum, die alten göttlich gelenkten Heilweisen wieder freizulegen und einzusetzen und die Harmonie der lemurischen Lebensweise neu zu entdecken und zu leben. Vor kurzem durfte ich, bei einem Besuch zweier netter Menschen in München, die mit Obertönen und Gongs arbeiten, noch einen entscheidenden Schritt in der Erlösung atlantischer Energien und Muster erleben. Ich wurde zu einer Einzelsitzung eingeladen. Die Gongs haben unterschiedliche Schwingungen und sind den Planeten zugeordnet. Bevor es begann, wusste ich, dass die Schwingungen von Mars und Pluto im Vordergrund stehen würden. Und ich wusste, warum, als gleich nach dem ersten Gongschlag ein Bild von Atlantis auftauchte. Mars symbolisiert unter anderem die Kraft und die Macht, Pluto zeigt uns die Schattenseiten auf und geht mit uns in die tiefsten Tiefen. Ich bin Skorpion und mit den Plutoenergien bestens vertraut. Ich bin dann durch diese Schwingungen noch einmal tief in Atlantis eingetaucht. Ich sah die Auswirkungen dieses Untergangs auf alle anderen Planeten im Universum, die ganze Tragweite spürte ich. Dann wurde ich von Wesen liebevoll auf Händen getragen, als die Obertöne begannen. Diese Wesen wiegten mich, schleuderten die alten Muster weg und sagten zum Abschluss: „Es ist getan, stehe auf und tue deinen Dienst!"

7

Heilweisen aus Lemuria und Atlantis

D ie Stippvisiten in Atlantis und Lemuria sollten dir vermitteln, wie unterschiedlich und zeitweilig doch ähnlich diese beiden Zivilisationen der Menschheit ihren Weg gingen. Wertfrei betrachtet, waren es wichtige Schritte für diesen Planeten, die das Spielfeld der Dualitäten prägten, und das bis zum Exzess, könnte man meinen. Nun geht ihr in das Goldene Zeitalter, und dazu gehört, dass ihr die alten Muster des Kampfes und der Trennung ablegt, um dann die Qualitäten, auch die aus Atlantis, zu leben. Ich möchte die Heilweisen von Atlantis und Lemuria beleuchten und dir die Möglichkeit geben, zu schauen und zu fühlen, welche Art der Klärung für dich stimmig ist. Obwohl, übergeordnet betrachtet, letztlich alles in das Göttliche mündet. Aber urteile selbst.

Alles entstand im Geiste, um sich dann auf der Ebene der Materie zu festigen. Materie ist verdichtetes Licht. Allem Erschaffenen liegt eine göttliche Blaupause zugrunde, die

Vater/Mutter Gott und die von ihm/ihr initiierten hohen Wesenheiten kreierten. Du als Seelenanteil schlüpfst für deine Erfahrungen immer wieder in einen eigens dafür konzipierten Körper. Das Konstrukt der Erde basiert auf göttlicher Geometrie, die nicht auf der physischen Erde sichtbar ist, wohl aber in der ätherischen. Mit deinem geistigen Auge kannst du es wahrnehmen. Dort befinden sich Strukturen, wir wollen sie Gitter nennen, die diese Blaupausen tragen, unter anderem das Magnet-, das kosmische Gitter der Erde. In diesem Magnetgitter ist ein Teil der Blaupause enthalten, der wiederum mit wichtigen Kraftpunkten der Erde und den Polen verbunden ist. Die Gruppe Kryon, man kennt uns als Spezialisten in Sachen göttlicher Geometrie und Magnetismus, hat dieses Magnetgitter zweimal seit Bestehen der Erde neu ausgerichtet. Das geschah jeweils, als der Spielplan neu erstellt wurde. Intensive Epochen, die niederschmetternd endeten, erforderten eine Neuausrichtung. Damit ging auch einher, dass die Genetik der Restbevölkerung durch das Erbgut einiger Rassen ferner Planeten aufgefrischt wurde. Wie bekannt, wurde die Gruppe Kryon zur Harmonischen Konvergenz gerufen, um erneut das Gitter zu verändern. Eine herrliche Aufgabe, die einen Neubeginn für Mensch und Erde einläutete.

Jetzt möchte ich dich bitten, die Augen zu schließen und dir wieder die Erde vor deinem inneren Auge vorzustellen. Schau und erfühle bitte das um die Erde gespannte, blitzende Magnetgitter. Nun stell dir bitte vor, wie sich das Magnetgitter zu den Menschen verhält. Wir stellen in dein Bild einen Prototyp Mensch, den Adam Kadmon. Und bemerke, wie, und das ist der Idealfall, eine Resonanz vom Erdmagnetgitter zum Magnetgitter des Menschen entsteht. Lass dieses Bild eine Weile auf dich wirken.

So wie die Erde ein Magnetgitter hat, hat auch der Mensch ein elektromagnetisches Feld (Makrokosmos und Mikrokosmos) um sich herum. Oder noch exakter ausgedrückt: Der Mensch ist ein elektromagnetisches Feld. Einige von euch haben sich damit schon näher befasst. Entweder, weil ihr euch mit grundlegenden physikalischen oder mit heilenergetischen Fragen beschäftigt, die übrigens nicht voneinander zu trennen sind, oder weil ihr intensiver in die Quantenphysik eingedrungen seid. Fakt ist, alle Menschen sind ein elektromagnetisches Feld, das, ideal ausgerichtet, vollkommene Gesundheit beinhaltet. Wenn du optimal in Resonanz mit dem Magnetgitter bist, bist du heil, du bist ganz und gesund. Nichts kann dein Leben trüben. Das ist der göttliche Zustand. Aber da du dich hier auf dem Spielfeld der tiefen Dualität befindest, war dein Feld in den letzten Jahrtausenden oft nicht in göttlicher Resonanz zu dem großen Doppel. Das ist im Plan enthalten. Das Magnetgitter war so ausgerichtet, dass eine Einheit nur dann möglich war, wenn der Mensch sich gezielt auf sich selbst konzentrierte. Das schafften nur wenige Auserwählte. Ich spreche hier von den dir bekannten alten Weisen und Propheten, die dies erreichten, weil sie ausersehen waren,

Besonderes zu leben, oder/und weil sie viel meditierten, sich mit altem Wissen auseinandersetzten und ihren Fokus auf Gott richteten.

Das Magnetgitter ist neu ausgerichtet, damit du wieder in deine göttliche Urkraft, in deine Urblaupause hineinwachsen kannst. Mit dieser Neuausrichtung verbunden ist die Reaktivierung der DNS-Schichten, die größtenteils interdimensional sind. Dazu mehr in einem anderen Kapitel. Was kann nun der Mensch tun, um sich wieder einzuklinken in die göttliche Verbindung, wieder in Resonanz zu gehen zum Erdmagnetgitter? Noch einmal: Die Erde hat ein Magnetgitter, das nicht nur wie ein Gitter anmutet und konzipiert ist, sondern auch in vielfältigen Taschen und Einbuchtungen die Urmatrix dieses Planeten und die der Menschheit hält. Du warst ursprünglich, so wollte es der Plan, damit eng verbunden, du hattest das volle Wissen, was geschieht. Das göttliche Höhere Selbst war für dich jederzeit präsent. Es leitete und führte dich durch diese Ebene. Dein Körper resonierte mit dem Erdmagnetgitter, ihr wart eins. Dann kam die Trennung, die Neuausrichtung des Gitters und der Absprung, der dich tief in Neuland katapultierte, abgetrennt von deinem Höheren Selbst, nicht mehr in vollkommener Resonanz mit dem Magnetgitter lebend. Das ist vorbei. Nun besteht die Aufgabe darin, die Verbindung wiederherzustellen. Wir haben das Fundament gelegt. Jetzt bist du dran!

Was das alles mit Lemuria und Atlantis und deren Heilweisen zu tun hat? Auch in diesen Zivilisationen war die Verbindung zum Magnetgitter und zur göttlichen Blaupause unterschiedlich. In Lemurien war die Trennung nicht sehr stark. Falls doch, wurde dies durch den Einsatz von Heilweisen korrigiert. In Atlantis verhielt es sich in den ersten Jahrtausenden des Friedens und der Einheit so, dass der Mensch sich von seinem Höheren Selbst führen ließ. Das änderte sich. Später gab es Heilzentren, in denen der Mensch wieder in die Einheit gebracht werden konnte, so weit es möglich und gestattet war, da zu der Zeit auch schon das Gesetz des Ausgleichs, des Karma wirkte.

Wenn ein Mensch nicht im Gleichgewicht ist, hat das bekanntlich seinen Grund auf der geistigen Ebene. Es sind Blockaden, Ängste, ungeklärte Themen, die dies hervorrufen. Manchmal durfte der Mensch sofort eine Klärung erfahren, dann war das Thema bearbeitet. Vielleicht musste der Heiler auch etwas länger mit dem Menschen arbeiten, um mit ihm einen Ausgleich zu erreichen. Letztlich ging es aber immer darum, in Resonanz zum Magnetgitter der Erde zu kommen und die optimale göttliche Einspeisung zu erfahren.

Hast du Lust, auf eine weitere kleine Reise? Wir besuchen jetzt einen heiligen Tempel in Lemuria, dort beschäftigte man sich damit, Menschen wieder ins Gleichgewicht zu bringen. Ich geleite dich in den Tempel. Spüre meine Hand, die dich führt. Der Raum, in dem du dich nun befindest, ist eher unscheinbar. Seine Wände sind hell und klar, in der Mitte befindet sich ein Behandlungstisch, der in Resonanz zu einem runden Ding oberhalb des Tisches steht, das wie ein großer Strahler anmutet. Neben dem Tisch steht ein liebevolles Wesen, das dich einlädt, dir alles anzuschauen. Hier geht es darum, dass du fühlst, ob du dich erinnerst. Vielleicht weißt du, was jetzt zu tun ist. Lasse dich ganz auf diesen Besuch ein und nimm gern ein Geschenk entgegen. Vielleicht legst du dich auf den Behandlungstisch und erlaubst dem Heiler, dich auszugleichen.

In so einem Tempel hatte das weise Wesen, der Heiler einiges zu tun. Manchmal war auch ein ganzes Team tätig. Es ging hier nicht nur um Verjüngung. (Ich weiß, dieses Thema interessiert dich brennend.) Die Verjüngung ist ein zusätzliches Attribut der Heilung. Es ging um den Ausgleich des gesamtes Menschen. Alle Ebenen des Menschen wurden hier angesprochen: Körper, Geist und Seele. Da die Lemurier noch nicht sehr in die drittdimensionale Ebene eingebunden waren, waren Heilungen nicht sehr schwierig. Das Verfahren: Der Heiler verband sich reinen Herzens mit dem Höheren Selbst des Patienten und bat um die Erlaubnis, eingreifen zu dürfen. Das war der wichtigste Schritt. Er bekam als Antwort ein Ja oder Nein. War die Antwort ein Nein, bat der Heiler den Patienten um Geduld und schickte ihn wahrscheinlich mit ein paar kleinen Aufgaben nach Hause. Die Aufgaben hatten mit dem Problem oder dem Auslöser der Unausgeglichenheit zu tun. War die Antwort ein Ja, verband sich der Heiler mit dem Energiefeld des Patienten und scannte es im Geiste ab. Meridiane und andere energetische Verbindungen in den verschiedenen Körpern des Menschen zeigen einem Wissenden und göttlich Angebundenen relativ schnell, wo Blockaden sind, wo die Lebensenergien, das Prana nicht fließen. Ein Blick in die Pranaröhre, der Verbindung zum Göttlichen und den dazugehörigen Chakren, lässt erkennen, wo genau die Energie nicht fließen kann. Der Heiler schaute sich die betroffenen Stellen an, rekonstruierte mithilfe des Höheren Selbst die Entstehung des Problems, erkannte das Thema des Patienten und entwickelte im Geiste den Weg der Selbstheilung. Kein Heiler heilt, er stabilisiert durch das Ausrichten und Beraten die Selbstheilungskräfte des Menschen. Auch der Heiler, den du besuchst, tut dies. Was im Geiste an den niederen Körpern, am Ätherkörper, Emotionalkörper, Mentalkörper und dem spirituellen Körper des Menschen verändert, ausgeglichen werden durfte, wurde getan. Vielleicht erfolgte dies schrittweise bei mehreren Besuchen. Durch ein Gespräch machte der Heiler dem Patienten die Thematik bewusster und leitete so die Klärung der Sichtweisen an. Er verband das menschliche Magnetgitter mit dem Erdmagnetgitter und stellte wieder eine Einheit her. Ein Heiler in Lemurien war geistiger Stabilisierer, Priester und Therapeut in einem. Das geschah in diesem Tempel. Der wie ein Strahler anmutende Gegenstand über dem Behandlungstisch ist ein Magnet, der auf bestimmte Weise auf die Erde und die Sonne, eure Energiespender, ausgerichtet und verbunden ist. Es ist kein Gerät. Der Magnet ist lediglich optimal ausgerichtet und wird geistig gelenkt.

Manchmal setzte der Heiler Klänge und Farben ein, die die

Seelenebene des Patienten besonders stimulierten, je nach Art der Störung. Körperliche Reinigungen, Bäder, Massagen, Wasserbehandlungen gehörten auch dazu. Auch Verordnungen wie ein paar Tage im Freien zu schlafen, mit den Bäumen zu sprechen, aus dem Herzen zu malen und der Erde zu lauschen gehörten dazu, um nur einiges zu nennen. Eine weitere Therapiemaßnahme war, dass der Patient einige Wochen lang allein in die Natur geschickt wurde, abgeschieden von anderen.

Wie fühlt sich dies für dich an? Macht es Sinn, Heilung aus dieser Warte zu betrachten? Du erkennst nun sicher auch, dass die alternativen Heilmethoden schon seit einiger Zeit wieder in diese Richtung gehen. Anzumerken ist noch, dass es natürlich immer Heilweisen dieser Art gab. Oft allerdings nur vereinzelt oder im Verborgenen. In düsteren Zeiten, wie im Mittelalter, wurde verfolgt, wer dies ausübte. Eigentlich ist diese Art, den Menschen in die Selbstheilung zu führen, sehr einfach. Viele einfache Dinge im Leben sind äußerst effektiv. Bei der Heilung geht es primär um die Stimulierung der elektromagnetischen Felder.

In Atlantis gab es Institutionen, die ähnlich arbeiteten. Saint Germain leitete eine Tempelanlage, die intensiv mit der Violetten Flamme der Transformation wirkte, diesem Energiestrom, der in der heutigen Zeit der Transformation wieder gute Dienste leistet. Die Art und Weise, wie im späteren Atlantis Menschen ausgeglichen wurden, war sehr viel komplexer, da die Anbindung an die Göttlichkeit schwächer war. Das hatte mit der Entwicklung zu tun, die Machterfahrungen,

Unterdrückung und Manipulation in den Vordergrund rückte. Zudem führte die Verbindung zu außerirdischen Besuchern dazu, dass die Arbeit mit Energien intellektuell und technisch gesteuert war. Außerdem, und das ist sehr wichtig, waren die energetischen Arbeiten vielfach durch Unreinheiten getrübt. Die Orte waren energetisch trüb und die Menschen, die heilerisch arbeiteten, manchmal ebenso. Dies möchte ich besonders betonen, weil ich weiß, dass viele von euch sich da angesprochen fühlen. Vielleicht warst auch du dort Heiler oder Patient und erinnerst dich vage. Oder du hast ein unangenehmes Gefühl oder sogar Panik bei Heilbehandlungen. Möglicherweise arbeitest du selbst mit Energie, und dir ist dabei mulmig zumute, und du traust dich nicht, damit zu experimentieren und außergewöhnliche Schritte zu tun. Die Verknüpfung von geistigem Heilen und Heilen mit technischen Werkzeugen wurde damals durch viele Experimente und Versuche an Mensch und Tier geprägt, Versuche, die ohne die göttliche Verbindung geschahen. Das ist in dir durch eigene Erfahrungen und durch das Massenbewusstsein gespeichert.

Mit dieser unserer gemeinsamen Reise, so darf ich dir versichern, ist verbunden, dass du all diese Erfahrungen loslassen darfst. Sei dir einfach der Erfahrungen von Atlantis bewusst und dann lass sie los. Den Rest erledigt die Gruppe Kryon für dich, in der übrigens Erzengel Michael eng eingebunden ist. Spüre die Kraft und die Energie Michaels. Jetzt. Und soeben hast du durch deine reine Absicht das Massenbewusstsein ein bisschen verändert!

Zum Abschluss dieses Themas stellt sich noch die Frage, die immer wieder auftaucht: Welches sind die Heilweisen der Zukunft? Möchtest du meine Antwort dazu hören? Es sind die, die ohne viel Schnickschnack im Geiste direkt mit dem Höheren Selbst, der eigenen reinen Absicht und der Hilfe der göttlichen Energie eingeleitet werden. Große Schritte in diese Richtung sind gemacht. Viele Richtungen der geistigen Heilung werden schon angewandt. Oft allerdings noch sehr zaghaft und vielfach begleitet von technischen Hilfsmitteln. Das ist nicht zu verurteilen. Ich möchte dir ja lediglich das Ziel vor Augen führen. Und selbstverständlich möchte ich nicht die Chirurgie oder andere medizinische Errungenschaften infrage stellen. Ich weise lediglich in die Zukunft. Probiere das aus, was sich für dich stimmig anfühlt. Du wirst bemerken, dass, je mehr du dich auf dich verlässt, auf deine Intuition, auf die Verbindung zu deiner eigenen Göttlichkeit, weniger mehr ist. Es reduziert sich auf das Vertrauen in Gott.

Und mögen alle Lemurier, die sich jetzt angesprochen fühlen, tief in sich hineinhorchen, der Intuition vertrauen und sich auf den Weg machen. Es sind viele lemurische Heiler wieder inkarniert. Möglicherweise spüren sie atlantische Erfahrungen, die sie daran hindern, wieder ins Rampenlicht der Heilung zu treten. Die alten Muster werden gelöscht, die Wunden dürfen heilen. Habe Mut, dein altes Wissen zum Wohle aller wieder einzusetzen, du geliebtes Menschenwesen!

Eine Übung für dich

Um sich auf die eigene Göttlichkeit einzustimmen und Energien auszugleichen, waren in Lemuria und Atlantis das Tönen und der Gesang sehr beliebt. Vielfach geschah dies auch mit Obertönen.

Wie wäre es, wenn du dich generell mit Gesang ein bisschen beschäftigst? Vielleicht hast du Lust, öfter zu singen. Ich meine das Singen, das frei ist, ich meine einfaches Summen oder Singen, so wie es gerade aus dir herauskommt. Das ist wertfrei und holt nach oben, was herauskommen möchte. Vielleicht denkst du, dass du nicht singen kannst. Dann hat dir dies wahrscheinlich ein unsensibler Lehrer vermittelt. Jeder kann singen. Singe mit dir selbst. Dann könntest du zum Beispiel deine Chakren durchtönen. Hier eine kleine Anleitung: Setze dich entspannt hin, atme ein paarmal tief durch, vielleicht möchtest du dich auch räuspern oder hüsteln. Dann konzentrierst du dich auf dein unteres Chakra und verweilst dort einen Moment. Nun versuche ganz entspannt, einen Ton zu erzeugen. Manche Lehrer geben an, wie der Ton zu sein hat. Ich möchte dir die Freiheit lassen, dich selbst auf dich einzustimmen. Der Ton wird so sein, wie im Moment dein Chakra beschaffen ist. Artikuliere diesen Ton vielfältig. Laut oder leise, kraftvoll oder sanft. Da kann auch ein Krächzen herauskommen. Das macht nichts. Übe dies, bis du denkst, dass es gut ist. Du wirst, eventuell erst nach einigen Versuchen, einen klaren Ton hervorbringen. Vielleicht bekommst du während dieser Übung Eingebungen, innere Bilder, Informationen, warum der Energiefluss stockt oder welches Thema du gerade bearbeitest. Aber wenn dies nicht so ist, mache dir keine Gedanken. Es geht in dieser Übung nicht darum, perfekt zu sein. Du setzt mit diesem Tönen Prozesse in Gang. Und vergiss nicht, wir sind auch noch da, um dich zu lenken und dir zu helfen. Jeder Mensch, der sich auf den Weg ins eigene Licht macht, hat unsere Unterstützung. Und wenn du dieses Buch zur Hand nimmst, ist Kryon immer da, dies ist keine Mogelpackung! Arbeite dich so durch deine Chakren.

Du könntest dabei auch Farben visualisieren. Ich aber würde gern empfehlen, dass du dir eine Farbe schenken lässt. Wenn du beim Tönen bist, wirst du eine Farbe spüren oder sehen. Es ist die Energie, die Schwingung, die dir in diesem Bereich fehlt. Beim obersten, beim Kronenchakra kannst du zum Abschluss das berühmte „OM" tönen. Das ist ein schöner Abschluss. Du wirst dieses „OM" tief in deinem Herzen spüren. Dieses Buch ist keine Anleitung für fernöstliche Instrumentarien und Heilweisen. Das ist in anderen Schriften nachlesbar, wenn du es möchtest. Ich sage dir, dass in der Neuen Zeit der Zugang zur eigenen Göttlichkeit auch ohne Mudras, Mantren und Symbole und ähnlichem möglich ist. Wenn du es trotzdem verwenden möchtest, dann tue es gern. All diese geehrten Dinge waren Hilfsmittel in alten Zeiten, um Verbindung zu höheren Ebenen aufzunehmen. Aber wir haben jetzt eine andere Zeit. Der Weg kann direkt beschritten werden.

Das Obertonsingen ist auch eine gute Möglichkeit, dich zu

klären. Das solltest du unter Anleitung eines Wissenden probieren. In jeder Gegend, wo dieses Buch gelesen wird, arbeiten ausgebildete Menschen mit Obertönen.

Weitere Übungen

Die Kunst, mit Kristallen Töne zu erzeugen, war auch sehr
bekannt in Lemurien. Es gab dort eine Institution, ja, so
könnte man sie nennen, die ein Kristallinstrument hatte, das
von hohen Eingeweihten gespielt wurde. Dieses Instrument
hatte vielfache Aufgaben. Es trug zur allgemeinen Harmonie
bei, es tat der Erde gut, denn die Kristalle waren in Resonanz
mit dem Erdkern, und die Kristallorgel, so könnte man das
Instrument nennen, hatte Verbindung zu anderen Planeten.
Es war wie eine Tonschnur, die diese Verbindung hielt. Eine
tiefe Kommunikation auf geistiger Ebene löste dieses Instrument aus. Mir fehlen die Worte, um dies angemessen auszu-
drücken. Auch hier biete ich dir an, es selbst zu hören und zu
fühlen. Bist du bereit? Ich nehme dich an die Hand für eine
kleine Zeitreise in das Reich der himmlischen Töne von
Lemuria. Folge meiner Hand, meiner Führung und fühle dich
in einen Saal versetzt, der die Form einer Kathedrale hat, und
nimm das fantastische Instrument wahr. Es ist riesig und
wird von einigen Menschen bedient. Die verschieden großen
Kristalle werden stimuliert. Fühle und lausche. Ich lasse dich
jetzt allein.

Sich mit der Kraft der Töne auseinanderzusetzen ist sehr empfehlenswert. Immer mehr gute Informationen werden in Büchern angeboten. Stöbere ein bisschen und lass dich inspirieren. Channelmedien, die musikalische Inspirationen bekommen, bieten Tonträger mit lemurianischen und atlantischen Gesängen an. Eine herrliche Art, sich göttlichen Schwingungen zu öffnen. Sogar in Chören haben sich Menschen zusammengefunden, um sich und andere auf diese Weise zu erfreuen.

Barbaras persönliche Erfahrungen

In ganz Deutschland und auch in anderen Ländern erfreut sich das Obertonsingen, unterstützt oder begleitet vom Monokord, einer großen Beliebtheit. Das Monokord ist ein Instrument, das bestimmte Tonfrequenzen produziert und außergewöhnlich eingesetzt wird. Entweder man liegt auf einer Liege, und das Instrument ist darunter, sozusagen mit seinem Rücken am Rücken des Liegenden, und wird so gespielt. Oder es ist eine Version, die auf den Bauch des Patienten gelegt wird. Vielleicht gibt es noch andere Arten. Es geht darum, die Schwingungen der Töne des Monokords in Resonanz zu denen des Körpers zu bringen und dadurch Dissonanzen auszugleichen. Dabei können Bilder und Emotionen nach oben kommen. Es ist eine gute Art, Muster zu beseitigen, wenn man an bestimmten Themen arbeitet. Unterstützt wird dieser Prozess vom Obertonsingen. Diese Erfahrung durfte ich schon ein paarmal machen. Interessanterweise machte ich immer dann einen Termin, wenn ich mich in tiefen Prozessen befand. Eine liebe Bekannte hat mich damit oft begleitet und unterstützt. Ich bin immer wieder erstaunt, wie synchron viele Dinge passieren. Wie von Zauberhand geführt, trifft man die „richtigen" Entscheidungen und die passenden Menschen sind auch gerade in der Nähe.

8

Die Natur

Die Kraft der Schöpfung ist in starkem Maße in der Natur zu sehen und zu spüren, auch wenn behauptet wird, der Mensch sei die Krone der Schöpfung. Wäre die Natur mit ihren Kreisläufen nicht da, hätte es der Mensch auf diesem Planeten sehr schwer. Er könnte sich nur mit äußerster Anstrengung und energetischen Hilfsmitteln dort aufhalten. Das mag extrem klingen, aber grundsätzlich ist von der Schöpfung so vorgesehen. Der Mensch hält sich zeitweilig für so vollkommen, dass er sich als Herr über die Natur fühlt. Aber, und darüber sind wir hier in der geistigen Welt sehr froh, viele Menschen besinnen sich. Sie nehmen wahr, wie wichtig die Natur für sie ist. Sie spüren und ehren die Kraft der Natur und ihrer Bewohner. Die Mineralien, Pflanzen und Bäume sind der ersten Dimension zuzuordnen. Die weiteren Bewohner, die Elfen, Feen, Naturgeister und Helfer der Elemente, wandeln in der zweiten Dimension. Sie sind für die meisten Menschen nicht sichtbar. Allerdings gibt es auch Wesen, die in Zwischenbereichen leben und die du wahrnehmen kannst, wenn du in die Stille gehst und vollkommen entspannt bist.

Der Bereich der zweiten Dimension wird sich immer mehr für die Menschen öffnen. Wer aufmerksam beim Spaziergang und Verweilen in der Natur ist, der wird, oh Wunder, vielleicht spüren, wie sich ein Wesen sanft auf seine Schulter setzt oder ihn zart am Ohr zupft. Ich möchte dich später in die Reiche der Elfen und Feen entführen.

Jetzt ist es meine Aufgabe, dich die Natur mehr fühlen zu lassen, dich noch sensibler zu machen für ihr Sein und das der Bäume und Pflanzen. Bäume sind die Beschützer des Menschen. Wie große Brüder halten sie Wacht über euch. Auch sie haben ihre göttliche Blaupause und ihre Aufgaben für die Erde zu erfüllen. Ihre Art, sich zu entwickeln, ihr Wachstum hält den Sauerstoffgehalt der Luft für die Menschen stabil. Du kennst diesen Vorgang sicher noch aus dem Biologieunterricht in der Schule. Aus dieser Sicht ist es unverantwortlich, die Wälder der Erde abzuholzen. Der Mensch beraubt sich dadurch seiner eigenen Lebensgrundlage. Und die Kraft, die Energie und die Liebe des Bewusstseins von Wald und Baum gleichen darüber hinaus alle deine Ebenen aus. Man könnte sie als Hilfskraft beschreiben, die dein elektromagnetisches Feld mit dem Erdmagnet-, dem kosmischen Gitter verbindet.

Du kennst dies sicher aus eigener Erfahrung: Du hast viel zu tun gehabt, dein Körper ist erschöpft, dein Verstand ist voll von Gedanken und ungeklärten Problemen. Ein kleiner Spaziergang in der Natur wirkt dann oft Wunder. Du gehst in den Park oder in den Wald, setzt dich auf eine Bank und nimmst ein paar tiefe Atemzüge, lauscht den Vögeln und dem Wind, der die Blätter der Bäume wiegt, und in ein paar Minuten sieht deine eigene Welt schon wieder ganz anders aus. Du fühlst dich leichter, klarer, dein Herz öffnet sich und vielleicht tauchen schon die Lösungen der Probleme auf. Es sind die ausgleichenden Energien der Bäume, der Pflanzen, die deine Partner, deine Helfer hier auf der Erde sind. Wenn du einen Spaziergang in Häuserschluchten oder Einkaufszentren machst, da, wo künstliche Materialien überwiegen, ist der Entspannungs- und Erholungseffekt nicht so groß. Den Unterschied hast du sicher auch schon festgestellt. Und wenn du die Kraft der Natur noch intensiver spüren möchtest, legst du dich auf die Wiese oder lehnst dich an einen Baum, und schon ist eine herrliche Verbindung entstanden, die dich spüren lässt, wie du mit Allem-was-ist verwoben bist. Es ist ein göttlicher Kreislauf, den du erlebst. Die Urlebenskraft, das Prana, strömt in die Erde; die Erde gibt ihre Energie an den Baum und der wiederum gibt seine Energie an die Menschen weiter. Der Baum ist sich der Verbindung zur Erde und seines Dienstes bewusst. Diese Verbindung hast du auch, aber du bist dir dessen meistens nicht bewusst. Die Bäume können dir helfen, dich daran zu erinnern.

Die alten Völker haben es meisterhaft verstanden, die Bauweise ihrer Häuser mithilfe der Erdkraft und der Bäume und Pflanzen zu verbessern. Sie verwendeten nur natürliches Material, wenn möglich sogar lebendiges. Stelle dir vor, wenn du einen Baum mit in dein Haus einbautest, wie kraftvoll inspiriert und erdverbunden dein Leben dort wäre. Ich möchte dich bitten, die Augen für eine kleine Reise zu schließen. Lasse vor deinem inneren Auge ein Haus entstehen. Während du dieses Haus visualisiert, spürst du, wie es sich sehr eigenwillig verändert. Ich greife ein bisschen ein in deine Visualisierung. Ich zeige dir, wie es in den alten Zeiten der Hochzivilisationen war: Es gab eine optimale Verbindung zwischen Mensch und Natur in vielen Bereichen. Die Menschen konnten sich mit der Pflanze im Geiste so verbinden, dass sich ihr Wachstumsprozess beschleunigte und sie relativ schnell eine Frucht hervorbrachte. Und wenn gewünscht, wuchs auch sehr schnell eine nach. Das ist wahrlich Ausdruck der Harmonie zwischen Pflanzen- und Menschenwelt. Und nun fühle dich hinein in die Welt des neuen/alten Wohnens. Ist es nicht wundervoll? Schau dir an, wie die Bäume so gewachsen sind, dass sie mit ihren Stämmen ein Haus formen. Es schaut so aus, als würden sich die Stämme gespalten haben, um Räume zu erschaffen. Du befindest dich inmitten von Bäumen, die sich gern dafür zur Verfügung stellen, dir ein harmonisches Heim zu gestalten. Spüre, wie alles vor Leben pulsiert. Und nun schaue dich weiter um. Wunderschöne Pflanzen zieren dein Heim, prächtig und doch angepasst. Sie wachsen so, dass es für dich angenehm ist, aber nicht so kraftvoll, dass es dich stören würde. Die Natur fügt sich ganz in deinen persönlichen Bereich ein, sehr zu deinem Wohle. Und wäre es nicht verrückt, du könntest morgens aufstehen und dir gleich eine frische Frucht pflücken, ein Supervitalfrühstück direkt aus dem hauseigenen Obstgarten holen? „Das ist Utopie, Kryon!", sagst du? Glaube ich nicht. Ihr seid noch ein bisschen davon entfernt, so zu leben, aber in den Gedanken der Menschen formen sich langsam diese Vorstellungen. Man könnte auch sagen, die Energien, die Erinnerungen von Lemurien kommen zum Vorschein. In Lemurien und anderen Hochzivilisationen lebten die Menschen überwiegend so. Es ist das irdische Leben in vollkommener Einheit.

Schau dich weiter um in deinem Zukunftszuhause. Woraus ist dein Tisch gemacht, woraus dein Bett? Alles lebt, alles ist aus Bäumen und Pflanzen, die jede Form annehmen, die du dir wünschst. Man könnte auch sagen, du hast sie instruiert. Du hast in deinem Geiste dein Haus entworfen. Du warst göttlich schöpfender Architekt und hast dich mit dem Geist der Pflanzen vereint. Du hast dich mit dem großen Geist verbunden und deine Vorstellungen in Liebe geäußert oder visualisiert und in den Geist der Pflanze eingegeben. Die Pflanze wiederum entsprach deinem Liebeswunsch und veränderte ihr Daseinsfeld für dich. Auch Steine hast du in der Art und Weise in deinen Wohnbereich eingebunden.

So einfach war es damals. Und das steht wieder vor der Tür. Eure alten Mystiker beschrieben, wie die Kraft ihres Geistes die Blätter eines rauschenden Baumes zur Ruhe brachte. Und für sie war es ganz natürlich, die Vögel zu bitten, für eine kurze Zeit zu schweigen. Es ist eine Verbindung des Geistes, ein Eintreten in das geistige Feld des anderen Bewusstseins, um dann Veränderungen einzuleiten. Dieser Vorgang geschieht mit der tiefen Verbundenheit zu Allem-was-ist, zur Schöpfung. Hier wird wieder klar, wie fantastisch alles mit allem verbunden ist.

Wer die Natur formen kann, nimmt Einfluss auf die göttliche Schöpfung. Damit komme ich zu einem Thema, das dich oft sehr bewegt: Du bist ein multidimensionales Wesen, ein Schöpferwesen, das hier auf der Erdebene Erfahrungen sammelt, und dies nicht bei vollem Bewusstsein. Auf anderen Ebenen deines Seins ist dir das wohl bekannt. Du hast es lediglich vergessen. Es bereitet dir Schwierigkeiten, deine volle Schöpferkraft wieder anzuerkennen und einzusetzen.

Vielleicht helfen dir diese Zeilen und die Energiepakete, die in ihnen schwingen, dich zu trauen, ein bewusster Schöpfer zu sein.

Hast du noch das Bild von einem völlig in Einklang mit der Natur stehenden menschlichen Zuhause vor deinem inneren Auge? Die Natur schenkt dir alles, was du brauchst: Die Nahrung und den Schutz für deinen irdischen Körper, das Wohlbefinden für deine seelische Entwicklung. All das schenkt dir die Natur.

Wie könntest du dieses Wissen nun in deinem täglichen Leben umsetzen? Gern schenke ich dir diese visuellen Einblicke, um dich auf deine Zukunft einzustimmen. Verstehe mich bitte richtig, ich kann dir deine Zukunft nicht vorhersagen, das ist mir nicht möglich. Du hast die freie Wahl, was du tun, welche Schritte du gehen möchtest. Aber ich kann dir kraftvolle Potenziale aufzeigen. Es sind Potenziale, die du schon kennst. Ich hole sozusagen altes Wissen aus deinen Zellen nach oben, das du in dein tägliches Leben integrieren kannst, das es bereichert. Ein Leben in Einklang mit der Natur ist dir bestens bekannt. Du lebtest es bereits. Und deshalb – beobachte dich gern im Alltag – kommen dir Aktionen, die die Natur heilen, oder Visionen von einem erdverbundenen Alltag so herzerfrischend vor. Du lächelst und sagst: „Ja, so könnte es sein. Dies könnte mein und unser aller Leben harmonischer machen." Viele Menschen haben Allergien, weil ihr Körper die Umwelt mit ihren künstlichen Materialien und Schwingungen nicht mehr verträgt. Du harmonierst auf geistiger Ebene nicht mehr mit ihnen. Wenn du Allergien hast, dann prüfe, wodurch deine Unverträglichkeit entsteht. Das herauszufinden kann ein bisschen langwierig sein, weil viele Produkte künstliche Zusätze enthalten. Entferne künstliche Materialien aus deinem Umfeld. Das können Stoffe, Möbel, Böden oder deine Kleider sein. Oft sind auch beim Hausbau Materialien verwendet worden, die Gifte enthalten. Bedenke, dass du durch die Umstrukturierungen deiner Körper, die Aufstiegsspezialisten während deines Aufstiegsprozesses vornehmen, immer sensibler wirst. Was dich vor Jahren nicht störte, kann heute körperliche Reaktionen auslösen. Gestalte entsprechend deiner geistigen Entwicklung deine irdische Ebene und entferne alles, was nicht mehr passt.

Wie könnte so ein Tag in Einklang der Natur aussehen?

Ich schenke dir einen Blick auf einen Tag voller Harmonie, eine Zukunftsvision, die dich ermuntern soll, dieses herrliche Leben, wenn auch vorerst nur zum Teil, so zu führen.

Das ist meine Vision für dich: Stelle dir vor, du wachst morgens auf, räkelst dich noch ein bisschen in deinem Bett und fühlst, wie das Bett sich deinen Bewegungen ganz anpasst. Es ist eine sich wohlig anfühlende Unterlage, die in etwa wie eine Schale geformt ist und deinen Körper trägt und schaukelt. Der Baum, der dich trägt, weiß dies und tut sein Bestes. Du öffnest die Augen, all deine Sinne werden langsam wieder aktiv und du stellst fest, dass es herrlich nach Blättern, nach Holz und nach Blüten duftet. Du schaust an deinem Körper hinab. Er ist in eine leichte Decke aus Pflanzenfasern gehüllt, darunter bist du nackt. Du frierst nicht, der Raum ist wohl temperiert. Du denkst, es könnte ruhig ein bisschen kühler sein, eine frische Brise würde dir guttun. Sofort bist du mit dem Element Luft verbunden und eine erfrischende Brise umhüllt dich. Du räkelst und streckst dich auf deinem Baumbett und freust dich auf einen neuen Tag. Du verbindest dich mit deinem Höheren Selbst, deinem göttlichen Funken und stimmst dich ganz ein auf die Ideen für den neuen Tag. Vielleicht hat dein Höheres Selbst heute besondere Aufgaben für dich. Vielleicht ist heute auch ein naturnaher Tag und du hast eine Wanderung geplant. Vielleicht möchtest du ein paar Früchte ernten, um sie jemandem zu bringen, der dir dafür etwas gibt, was du nicht hast. Er könnte ein Meister im Herstellen von Pflanzenkleidung sein und tauscht mit dir. Du wirst nun wissen, wie dieser neue Tag ungefähr aussieht. Jetzt hast du Lust auf eine erfrischende Dusche. Du stehst auf und gehst in eine kleine Duschnische und auf geistigen Knopfdruck entsteht plötzlich ein kräftiger Wasserstrahl, fast wie ein Wasserfall, unter den du dich stellst und der deine nächtlichen Prozesse abwäscht und dich klärt. Herrlich fühlt es sich an! Deine Zähne spülst du kräftig und bittest, dass alles, was unrein ist, entfernt werden möge. Du hast noch die Idee, dass du heute gern die Schwingung der Farbe Blau in dich integrieren möchtest. Du brauchst für den heutigen Tag die Kraft und Stärke dieser Schwingung. Gedacht, getan. Blau durchströmt dich. Kannst du dir das vorstellen? Spüre den großen kräftigen Wasserstrahl oder Wasserfall, ist es nicht köstlich? Nachdem du das ausgiebig genossen hast, lässt du die Tropfen von dir abperlen und bedankst dich bei dem Wasser und der Farbe für ihre Dienste. Du wählst eine luftige Tunika als Kleidung und beschließt, barfuß zu bleiben. So kann der Tag beginnen. Du schaust dich um in deinem schönen Naturhaus, welche Früchte dich heute locken. Die Früchte und Nüsse, die du dir als Hausgenossen ausgesucht hast, haben prachtvolle Formen und Farben. Und wenn du kurz in dich hineinhorchst, weißt du, welche Form, welche Farbe, welche Nährstoffe du heute brauchst, und greifst zu der passenden Frucht. Abwaschen und Schälen ist nicht notwendig, wirklich nicht. Diese Früchte haben keine Verschmutzungen. Du verlässt dein Haus und setzt dich davor auf eine herrliche Eiche, die die Form einer Bank annimmt. Dort genießt du deine Frucht und begrüßt deine Freunde, die Bäume. Sie wünschen dir einen schönen Tag. Es hat sich herumgesprochen beziehungsweise -gedacht, dass du erwacht bist, und deine Freunde, die Tiere, kommen, um dich zu begrüßen. Vielleicht ist ein Eselchen dabei, ein Igel, ein Vogel, eine Spinne, die ihr Netz dir zu Ehren verlässt. Du bist sehr mit Ihnen verbunden. (Du magst keine Spinnen, du ekelst dich vor ihnen? Diese Phobie stammt aus einer fernen Zeit, wo spinnenartige Wesen mit Erdmenschen experimentierten! Auch sie kann erlöst werden.) Du plauderst mit ihnen, telepathisch natürlich, nimmst ihre Morgengrüße dankend an und hörst ihnen zu, was sie bewegt, was es Neues gibt. Ja, so könnte dein Tagesbeginn aussehen. Ist das nicht himmlisch? Vielleicht teilst du dein Bett mit einem dir sehr nahe stehenden Menschen. Vielleicht stürmen auch kleine Kinder dein Baumbett, um mit dir herumzutoben und mit dir gemeinsam unter der natürlichen Dusche mit Wasser zu spritzen. All das könnte sein. Wie fühlst du dich? Es macht Spaß, in diese Zukunftsperspektive einzutauchen oder sich in die Zeitschiene einzuklinken und Lemurien zu besuchen, nicht wahr? Wenn du Lust hast, lebe diesen Tag gern weiter.

Diese kleine Visualisierungsreise schärft deine Vorstellungskraft und hilft dir, das in dein Leben zu ziehen, was du leben möchtest. Kreiere so deine naturverbundene Zukunft. Ich helfe dir gern bei den ersten Schritten.

Eine Übung für dich

Wie wäre es einmal mit einer Übernachtung im Freien, in der Natur? Das muss ja nicht in den kälteren Jahreszeiten sein. Aber im Sommer bietet es sich doch geradezu an, in einem Schlafsack oder Ähnlichem draußen zu schlafen. Stelle dir vor, wie wundervoll es ist, abends in den Sternenhimmel zu schauen, die Augen zu schließen und eine Reise durchs All zu machen. Und dann spürst du vielleicht in die Erde hinein und horchst auf die Geräusche. Wenn du ganz aufmerksam bist, hörst du es im Gras huschen und krabbeln. Du kannst in einer Nacht im Freien über all deine Sinne wahrnehmen. Ein gemütlicher Nachtschmaus im Mondlicht und danach beim Zirpen der Grillen und den Rufen der Uhus einschlafen, sicher getragen von der Erde. Du hast Angst, allein da draußen? Du bist doch nie allein, hast du das schon vergessen? Wenn du die Absicht hast, ein solches Abenteuer zu erleben, werden wir dich begleiten und dir nette kleine Überraschungen präsentieren. Vielleicht schenken dir die Elfen und Feen hübsche Blätter. Oder die Vögel hinterlassen dir ihre schönste Feder, die du dann morgens beim Aufwachen entdeckst. Geweckt wirst du vielleicht von einem Eichhörnchen, das über deinen Bauch hüpft. Lauter nette kleine Dinge werden dir widerfahren. Und wenn du tatsächlich nicht allein in der Natur übernachten magst, tue es mit einem Freund oder in einer Gruppe. Diese Erfahrungen sind wirklich sehr zu empfehlen. Sie binden dich noch mehr ein in Alles-was-ist.

Weitere Übungen

Sich mit den Gaben der Natur zu beschäftigen, das lässt sich auf vielfältige Weise in den Tag einbauen. Je nach Jahreszeit kannst du dich von frischem Gemüse und Obst ernähren. Auch wenn es bequemer ist, lass gern mal die Tiefkühlkost oder Fertigkost weg. Frisches vom Bauernhof und aus dem Garten ist dem immer vorzuziehen. Die Mütter der Generationen vor euch wussten viel über die Pflanzen und deren Wirkung. Oft schien es Aberglaube zu sein, wie zum Beispiel, dass eine Kastanie, die man bei sich trägt, vor Gicht und Rheuma schützt. Doch die Heilwirkung der Pflanzen kann auch auf der energetischen Ebene liegen. Die Schwingungen sind oft das, was Ausgleich schafft. Lege dir ein paar Nächte lang Melisse, Hopfen oder Lavendel mit auf dein Kopfkissen oder in die Nähe und du wirst ihre schlaffördernde Wirkung spüren. Diesem Thema sind viele Bücher gewidmet. Ich möchte euch all das ans Herz legen. Es ist hier kein Platz, ausführlicher darauf einzugehen. Nur ein Beispiel noch: Setze dich unter eine Eiche, leere deinen Kopf von den vielen Gedanken und tauche ein in die Kraft der Eiche. Sie spendet dir Tatendrang und Kraft, deine vielen Ideen umzusetzen. Daher stammt vielleicht die alte Volksweisheit „Stark wie eine Eiche!" Oder glaubst du, dass es da mehr um die körperliche Kraft ging? Und zu guter Letzt lege ich dir ans Herz: Verbringe viel Zeit in der Natur, sie ist Labsal für deine Seele.

Barbaras persönliche Erfahrungen

Ich sitze gern unter einer Rotbuche, die ich öfter besuche. Dabei lehne ich mich mit dem Rücken an ihren Stamm. Und dann begrüße ich sie und sage ihr, dass ich mich freue, hier sein zu dürfen. Und ich bitte sie um die Energien oder den Ausgleich, die ich heute brauche. In der heutigen Zeit haben Bäume es schwer, die Umweltgifte zu verkraften. Manchmal werde ich auch in den Wald oder an andere Orte geschickt, um Energie zu den Bäumen zu bringen. Ich sehe dann vor meinem geistigen Auge, wie Kryon oder Erzengel Michael oder Maria mit den Bäumen und ihren Helfern arbeiten. Die Elementarwesen sind oft nicht mehr in der Lage, die Bäume ausreichend zu betreuen, das alles ist auf den Wandel und natürlich auch auf den Missbrauch der Menschen zurückzuführen. Ich fühle mich sehr verbunden mit der Natur. Immer mehr eigentlich. Früher war das gar nicht so. Jetzt wähle ich als Erstes einen Spaziergang, wenn ich merke, dass der Computer zu lange an war, dass ich viel zu viel telefoniert oder zu wenig geschlafen habe. Auch wenn ich mit dem Flugzeug gereist bin oder weite Bahnfahrten hinter mir habe, ist ein langer Spaziergang im Wald der allerbeste Ausgleich.

9

Die Naturwesen

Wir wollen nun die Welt der Naturwesen besuchen. Du hast sicher schon von ihnen gehört. Alle Wesen, von denen ich heute kurz berichten möchte, haben genau wie du ihre Blaupausen, ihren göttlichen Schöpfungsplan. Sie haben ihre Entwicklungsphasen, die sich von den deinen natürlich unterscheiden, aber sie leben wie du mit bestimmten Aufgaben. Sie bevölkern die zweite Dimension und sind wichtige Informationsträger für die hohen Schöpferwesen dieser Welten. Es ist das Reich der Elementarwesen, das ich dir näher bringen und sehr ans Herz legen möchte.

Naturwesen sind ständig im Dienst und leider oft sehr erschöpft, weil sie nicht mehr das Verständnis und die Unterstützung der Menschen haben. Die Menschheit hat sie vergessen, sie ordnet diese Wesen in die Kategorie „Märchen und Mythen" ein. Zu anderen Zeiten erfreuten sie sich großer Anerkennung, wurden verehrt und geliebt und in die Familie mit aufgenommen. Man konnte sie nicht unbedingt mit den äußeren Augen wahrnehmen, aber viele Menschen konnten sie spüren und ihre Anwesenheit erfühlen. Ihr kennt sicher Geschichten von Wichtelmännchen, die den Menschen halfen, ihr tägliches, oft mühsames Dasein zu bewältigen. Sie halfen in vielen Situationen und dafür deckte man sogar beim Festtagsschmaus für sie mit. Man gedachte ihrer an bestimmten Tagen und bezog sie flüsternd ins Gespräch mit ein, wenn ungewöhnliche Dinge geschahen. Vielerorts wurde ihnen großer Respekt gezollt, manchmal hatte man sogar Angst vor ihnen und raunte sich zu: „Wehe, wenn unser Wichtel das sieht." Das ist von den Überlieferungen und den Geschehnissen abhängig, die man ihnen zuschrieb.

Von den Elfen und Feen spricht man eher liebevoll, manchmal sogar kichernd und lachend. Sie galten als die feinen, lustigen, zarten und huschenden Wesen, die Freude, Licht und Leichtigkeit bringen. Wir wollen hier keine Kategorien aufstellen, wer zu wem gehört und wer welche Aufgaben in der Welt der Naturgeister erfüllt. Das wäre eine sehr menschliche Art, etwas zu erklären. Der Verstand ordnet gern ein. Ich möchte diese geehrten Wesen nach ihren Charakteristika, dimensionalen Zugehörigkeiten und Aufgaben beleuchten. Sehr hoch anzusiedeln, was ihre Lichtheit anbelangt, sind die Wesen der Elemente, das Bewusstsein von Feuer, Wasser, Luft und Erde. Alle Elemente sind von hohen Wesenheiten geformt, geprägt und geleitet. Sie leben ihren Plan, den sie erfüllen, und im Gegensatz zu dir haben sie keinen freien Willen. Schau, es gibt für jedes Element eine hohe Schöpferenergie, ein hohes Wesen, ein Bewusstsein, das wiederum dem Schöpfergott/ der Schöpfergöttin dieses Universums unterstellt ist. Es ist aber nicht so, dass Wesenheiten rund um einen Tisch sitzen und planen. Weißt du, deine Schwierigkeit ist, dass du dir alles, was hinter dem Schleier und für dich nicht sichtbar ist, so vorstellst, wie du es aus deiner menschlichen Welt kennst.

Diese Wesen sind Bewusstsein wie du. Die Naturwesen sind Licht, genau wie du. Ihr unterscheidet euch darin, dass du einen anderen Schöpferplan hast und den freien Willen für deine Erfahrungen nutzen darfst und mit deinem unbewussten Teil auf der physischen Ebene lebst. Die Wesen der Elemente lenken und unterstützen die Kräfte der Elemente auf der Erde. In jedem Feuer findest du „Feuersalamander", so wollen wir sie nennen, die dafür sorgen, dass das Feuer so brennt, wie es brennen soll. Du hast vielleicht schon festgestellt, dass nicht jedes Feuer, das entzündet wird, gleich schnell, intensiv und hoch brennt. Du denkst jetzt, dass die Qualität des Holzes ausschlaggebend ist. Verschiedene Faktoren spielen dabei eine Rolle, wie es brennt. Der Plan der Schöpfung ist auch hier enthalten. Wenn ein Feuer bewusst und in Liebe entzündet ist und dem Wohle aller dient, wird es gut brennen und Wärme spenden. Nun sagst du vielleicht: „Aber was ist mit dem Brandstifter, der nicht zum Wohle der anderen handelt, oder mit dem Waldbrand, der entsteht, weil jemand achtlos eine brennende Zigarette wegwirft?" Dies ist dem Gesetz von Ursache und Wirkung unterworfen. Vielleicht will das Brandopfer diese Erfahrung machen? Vielleicht ist der Waldbrand für einige Menschen wichtig, die unmittelbar daran beteiligt sind, um die Rolle des Opfers oder des Täters zu erfahren. Vielleicht ist es für das Bewusstsein „Baum" wichtig, dass so etwas geschieht. Versuche, den Dienst der Elemente einmal aus dieser Sicht zu verstehen.

So sind auch die Wesen des Wassers, oft „Undinen" oder „Nixen" genannt, zu betrachten. Sie stehen hinter der Kraft des Wassers, wie es vorgesehen ist und gebraucht wird. Früher hat man diese Wesen gekannt, ihr Tun geschätzt und sie an Festtagen geehrt. Noch heute gehen Völker in Afrika an den Strand, aber nicht ins Wasser, weil sie den Geist des Wassers achten und die Kraft fürchten. Betrachte Naturkatastrophen, wie den Tsunami Weihnachten 2005, unter diesen Aspekten. Die Aufgaben der Wasserwesen sind vielfältig und nicht immer gewaltig, sie können auch sehr beschützend, sogar liebevoll sein. Glaubst du nicht, dass so manche Wasserwelle schon Lebensretter spielte, wenn Menschen in Gefahr wieder gesund und munter ans Ufer gespült wurden? Oder denke an Kinder, die nicht schwimmen konnten, ins Wasser fielen, minutenlang verschwunden waren und trotzdem überlebten. Du denkst jetzt sicher an die Schutzgeister? Ja, aber sie arbeiten mit den Elementen zusammen.

Dem Bewusstsein der Erde werden Erdwesen, Gnome oder Zwerge zugeordnet. In diesem Bereich gibt es auch noch Unterschiede. Die Wesen dieser Welten haben den Ruf, manchmal recht eigenartig, sogar bösartig zu sein. Dem möchte ich widersprechen. Sie haben lediglich schlechte Erfahrungen mit den Menschen gemacht und ziehen sich eher zurück. Wenn ein Mensch, der zu ihnen Kontakt aufnimmt, nicht ganz reinen Herzens ist und nur aus Neugierde die eigenen übersinnlichen Fähigkeiten ausprobieren möchte, dann können die Erdwesen schon recht zögerlich reagieren oder sich abwenden. Da ist es empfehlenswert, zu zeigen, dass man es ehrlich meint. Sie reagieren manchmal drastisch, wenn Menschen beim Bauen oder Besiedeln Naturreiche vernichten. Die Unbedachtheit der Menschen ist ihnen ein Dorn im Auge. Wer aber achtsam durch die Natur wandert, kann lustige Erfahrungen mit Zwergen machen, die sich freuen, wenn der Mensch ehrerbietig und mit offenem Herzen ihre Reiche betritt.

Elfen und Feen dienen dem Element Luft und haben die Aufgabe, sie zu tragen, rein zu halten und den Menschen zu helfen, sich der Kraft der Luft bewusst zu werden. Die Luft beinhaltet auch die Energie des Windes. Wenn du bei einem Spaziergang einmal so richtig durchgepustet wirst, sprich den Wind nur an und teile ihm dein Wohlgefallen oder dein Missfallen mit. Vielleicht hörst du eine Antwort oder es zeigt sich ein Bild in der Luft oder auch in den Wolken oder der Wind bleibt stehen und es weht kein Lüftchen mehr.

Bei der Gelegenheit möchte ich dich gern auf die Synchronizität zwischen Wolken und Mensch hinweisen oder, besser gesagt, auf die Fähigkeit des Geistes der Wolken, dich auf etwas aufmerksam zu machen. Wolken können dir etwas mitteilen, wenn du ihnen aufmerksam zuschaust. Solltest du dich gerade intensiv mit einem Thema beschäftigen, tauchen vielleicht in den Wolken Lösungen oder Antworten auf. Sei aufmerksam, überall in der Natur warten Informationen auf dich.

Die Devas sind den Pflanzen zugeordnet und betreuen voller Liebe ihr Wachstum und Gedeihen. Wenn etwas in deinem Garten oder auf dem Balkon nicht so recht blühen möchte, dann schließe die Augen, nimm Kontakt auf und frage die Devas, was du tun kannst. Die Antwort, was zum Wohle der Pflanze zu tun ist, kommt als Botschaft oder Eingebung zu dir. Ich beschrieb schon, dass du in vielen Dimensionen gleichzeitig bist. Natürlich hast du in deinem Energiefeld auch Elfen und Feen, die dich betreuen. Kleine Wesen, die so aussehen können, wie du sie aus Märchenbüchern kennst. Sie huschen manchmal mit Absicht um dich herum, damit du zu ihnen Kontakt aufnimmst. Sie wollen deine Lust am Leben fördern. Feen sind meist verspielt und freuen sich, wenn sie dir helfen können, mehr Leichtigkeit und Freude in dein Leben zu bringen. Elfen und Feen können dich außerdem inspirieren, deine alten Muster zu klären. Und sie arbeiten gern mit anderen Bewusstseinsformen zusammen, zum Beispiel mit denen der Steine. Vielleicht sitzt du an einem See, spürst eine Fee oder Elfe, die dich inspiriert, dich auf einen großen Stein zu setzen oder zu legen. Der Stein schenkt dir die Energie und die Information für deine Körper, die sie in dem Moment brauchen. Je öfter du so etwas probierst, desto feiner wird dein Gefühl für diese zweite Dimension.

Jetzt möchte ich dich zu einer kleinen Übung einladen: Schließe deine Augen und atme ein paarmal tief durch. Dann bitte aus reiner Absicht deine dich begleitende Fee, sich dir zu zeigen. Lasse zu, dass übers Gefühl vor deinem inneren Auge ein Bild entsteht.

Nimm dir Zeit. Du wirst etwas wahrnehmen, ich unterstütze dich. Vielleicht schwirrt etwas ganz Zartes vor deinem Gesicht, etwas ganz Leichtes, fast Transparentes bewegt sich vor dir. Schaue dir dieses Wesen an und lausche, was es dir zuflüstert. Genieße diese Begegnung. Hinterher wirst du dich sicher viel leichter fühlen.

Warum solltest du nun Kontakt zu all diesen Wesen aufnehmen? Ich spreche jetzt generell für alle Naturwesen, die alles Sein der Natur betreuen. Ein paar von ihnen habe ich unsystematisch beschrieben. Sie dienen dir gern, das ist der eine Grund. Der andere ist, dass sie möglicherweise auch deine Hilfe brauchen. Nun bist du vielleicht erstaunt. Viele der Wesen der zweiten Dimension freuen sich über Unterstützung für Wald und Wiese und deren Pflanzen. Es gibt Menschen, die homöopathische Mittel in Seen träufeln und Feen auf der geistigen Ebene helfen, Pflanzen und Teiche zu klären. Manchmal bedarf es eines irdischen Mittels, das der Mensch, durch Elfen inspiriert, in Wälder, Äcker oder zu Pflanzen gibt. Ein gutes Mittel sind die Effektiven Mikroorganismen, von denen ich schon öfter sprach. Sie helfen dem Erdboden, sich von Giften zu befreien, und sie sorgen für seine Regeneration. Diese Mikroorganismen, die auch in

Tschernobyl ihren Dienst versehen, sind ein gutes Beispiel für Klärungsarbeit. Manchmal bekommen Menschen Aufgaben von Elfen, Feen oder Erdwesen, etwa Pflanzen zu versetzen, Steine von einem Ort zum anderen zu bringen. Aufgaben solcher Art sind vielfältig. Fühlst du dich berufen, zu helfen, so wirst du deine Aufgaben erkennen, wenn du in dich hineinfühlst.

Einige der Naturwesen werden mit dem Wandel in die neue Dimension ihren Dienst beenden und in andere Ebenen, die für ihre Entwicklung wichtig sind, wechseln.

Die Elfen und Feen sind in ihrer Lebensweise auch ein bisschen der dritten Dimension zugehörig. Du kannst sie mit viel Geduld und reiner Absicht eventuell auch mit dem irdischen Auge sehen. Manchmal tauchen sie in deinen Augenwinkeln auf. Du nimmst ein Huschen wahr und spürst gleichzeitig ein Lächeln und auch eine Botschaft, die lauten könnte: „Sei mehr in Leichtigkeit. Das Leben ist voller herrlicher Überraschungen für dich!" Dem möchte ich hinzufügen: Die schönen Dinge des irdischen Daseins eröffnen sich dir oft schon, wenn du deine Sichtweise veränderst.

Eine Übung für dich

Die Möglichkeiten, Kontakt zu den Wesen der Natur aufzunehmen, sind vielfältig. Überall und immer, wenn du draußen bist, bietet sich die Gelegenheit, sie zu fühlen und zu hören. Du kannst dich im Park vor einen Busch setzen und ganz in die Stille gehen, deinen Kopf von Gedanken befreien und um den Kontakt zu einer Elfe oder Fee bitten. Wenn es beim ersten Mal noch nicht so greif- oder fühlbar für dich ist, sei sicher, beim nächsten Mal wird's schon besser funktionieren. Wie schon berichtet, sind sie oft sehr scheu und haben die letzten Jahre kaum Aufmerksamkeit von den Menschen erfahren. Sie prüfen dich vielleicht auf deine Ehrlichkeit und Ausdauer. Übe dich in Geduld.

Weitere Übungen

Kontakt zu den Erdwesen empfiehlt sich bei allen Gartenumbauarbeiten oder bei neuen Bauvorhaben. Ich kenne Menschen, die ihrem Architekten den Auftrag zur Planung des Hauses erst gaben, nachdem sie die Meinung der Erdwesen eingeholt hatten. In die Natur eingebunden zu sein, so wie es Lemuria war, das ist das Ziel vieler Menschen. Wie schön!

Bitte die Elfen und Feen deiner Zimmerpflanzen dir mitzuteilen, was du für deren gutes Wachstum tun kannst. Lausche auf die Eingebungen, die kommen. Vielleicht spürst du, dass du ihnen mehr Aufmerksamkeit schenken solltest oder dass der Platz der Pflanze nicht optimal ist. Manchmal sind Substanzen von anderen Pflanzen oder Mineralien nötig, wenn die Pflanze von Parasiten befallen ist. Es mag dich vielleicht erstaunen, aber eigentlich braucht eine Pflanze sehr wenig.

Einen passenden Platz, die Unterstützung der Feen und die Fürsorge und Liebe der Menschen. Die Urenergie, das Prana, sorgt schon für gutes Wachstum. Die Dünger, die Menschen empfehlen, sind in den meisten Fällen überflüssig. Wie war es doch noch: Alles beginnt im Geiste, auch der Wuchs einer Pflanze. Diese wunderbaren Begleiter nehmen oft ein klägliches Dasein auf sich, um dem Menschen zu dienen. Die Pflanze oder Blume kann ein Spiegel für dich sein. Beobachte deine Pflanzen daraufhin, das ist sehr aufschlussreich.

Barbaras persönliche Erfahrungen

Meine Begegnung mit den Devas, Erdwesen, Elfen und Feen hat bewusst erst mit dem Einzug von Kryon in mein Leben begonnen. Das war etwa im Jahr 2000. Vorher hatte ich wahrgenommen, wie angenehm es ist, draußen in der Natur zu sein. Ich hatte gern Bücher darüber gelesen, weil sie wie Märchen für Erwachsene anmuten.

Eine Begegnung ist besonders in meiner Erinnerung. Ich war in Berlin, hatte in einer Seminarpause ein langes Gespräch mit einer netten Dame, die mir von ihren Feen und Elfen erzählte. Ich war erstaunt und fragte: „Hast du auch welche, die dich betreuen?" „Aber natürlich, die hast du auch", war ihre Antwort. Ich ging dann in eine stille Ecke und sprach meine Betreuer aus dem Feenreich an. Ich vernahm ein Geraschel und Gekicher und sah vor meinem inneren

Auge zwei wunderhübsche Wesen, das eine in Zartblau und das andere in Rosa getaucht, mit weißen Tupfen und mit kleinen Flügeln. Sie flogen um mich herum, lachten und freuten sich. „Wie schön, dass du uns entdeckt hast. Wir sind immer bei dir und wünschen uns, dass du mehr Freude in dein Leben lässt. Du bist in deiner Arbeit oft so ernst. Es ist doch ein schöner Dienst, den du tust, und das sollte dich erfreuen. Lach mehr, du grübelst zu viel." Tja, da hatten sie wohl Recht. Die blaue Fee hatte sich als Monica vorgestellt, die rosafarbene als Alice. Wunderbar. Ich vergesse sie manchmal für einige Tage, aber dann werde ich mir ihrer wieder bewusst und muss meist gleich lachen, weil sie so herzerfrischend sind. Wenn ich Fragen stelle, egal welcher Art, bekomme ich immer eine sehr weise und leichte Antwort. Ich meine damit, sie beleuchten den Aspekt der Liebe in der Angelegenheit, die mich beschäftigt.

Ich kann diese Verbindung nur wärmstens empfehlen, sie bereichert das Leben ungemein. Meine Erfahrungen mit Erdwesen sind auch sehr spannend. Ich bin vor einigen Jahren aufs Land nach Eckernförde gezogen. Um mich herum ist Wald, ein See, das Meer ist in der Nähe, und es gehört zu meinen täglichen Ritualen, mindestens einen Spaziergang zu machen. In einem größeren Mischwald gehe ich besonders gern spazieren.

Ich bekam an einem Tag die Botschaft: „Gehe in den Wald zu einem sich dir offenbarenden Baumstamm und warte auf Weiteres." Gesagt, getan. Ich saß auf einer umgefallenen alten Eiche und wartete. Vor meinem inneren Auge sah ich ein großes, ein bisschen drollig aussehendes Erdmännchen, mit einem kleinen Kopf und großen Augen. „Ich habe die Aufgabe, dich ins Reich des Waldes einzuladen", sagte es. Dabei nahm es mich an der Hand und führte mich ins Erdinnere. Ich ging im Geiste den Weg weiter, der direkt in die Erde führte. Ich kam in eine große Höhle, die mit Fackeln beleuchtet war. Es sah wie in einer großen Wohnung aus. Überall waren grobe Einrichtungsgegenstände, und dann erspähte ich einen großen langen Tisch, an dem viele unterschiedliche Wesen wie Ameisen, Zwerge und so drollige Wesen wie mein Führer saßen. Am Kopf des Tisches war eine große Maus. Sie wies mir einen Platz zu. Direkt neben ihr war für mich gedeckt.

Dann ist meine Erinnerung getrübt. Ich erinnere mich, dass ich leckeren Blaubeerkuchen aß und Walnusstee trank. Ich wurde liebevoll begrüßt, bekam eine kleine Lobrede von der Maus, die offenbar der Boss war, für meine Achtsamkeit im Wald. Dann hielt *er* – die Maus war männlich – einen Vortrag über den schlechten Zustand der Natur. An weitere Einzelheiten kann ich mich nicht erinnern. Irgendwann erwachte ich wieder verwundert auf dem Baumstamm. Das war eine sehr beeindruckende Erfahrung.

Manchmal weiß ich, dass ich Steine umsetzen soll, dann wiederum arbeite ich mit der Violetten Flamme, um zu reinigen. Rosenquarze habe ich auch schon an bestimmten Plätzen deponiert. Ich pflege diesen Kontakt, und seitdem ich das tue, gedeihen meine Pflanzen im Garten besonders gut –

übrigens ohne Dünger. Die geistige Kraft und Klärungsarbeit und das Vertrauen, dass alles gut ist, so wie es ist, reichen wohl aus. Ich bin sehr dankbar für all diese Erfahrungen. Monica und Alice lieben es, mit mir am Meer spazieren zu gehen.

10

Eine Reise ins Innere der Erde

Möchtest du mich in das Innere der Erde begleiten? Wir wollen zuvor noch ein bisschen plaudern. Ich möchte dich auf das Thema „Innere Erde" einstimmen. Dann werde ich dich, so wie du es schon kennst, an die Hand nehmen und dich einem reizenden Wesen aus dem Inneren der Erde vorstellen. Es freut sich schon. Du darfst gespannt sein. Aber vorerst erzähle ich noch ein wenig über das Innenleben dieses geliebten Planeten.

Du erinnerst dich, dass ich beschrieb, wie du und auch die Erde in mehreren Dimensionen existieren? Ich möchte zuerst die drittdimensionale Ebene deines Heimatplaneten beschreiben. Du kennst sie mit ihren Meeren, Bergen und Ebenen. Es sind die Gezeiten und Äonen, die diese Gestalt von Gaia formten, auch in Verbindung mit dem unterschiedlich ausgerichteten Magnetgitter, das immer Einfluss auf die Beschaffenheit der Erde hatte. So sind denn viele der jetzigen Formationen erst einige zehntausend Jahre alt. Und da, wo heute die Arktis ist, war früher saftiges Weideland. Die Erde hat, genau wie du ihre Chakren und Meridiane, sie ist wie du ein geistiges Wesen, das einen irdischen Körper annahm. Die Erde ist in ihrer Form einer Kugel ähnlich, hat aber außerdem an ihrem Kopf, so wollen wir es nennen, einen großen Eingang, und der ist am Nordpol, in der Arktis. Und dieser Eingang ist nicht urplötzlich zu sehen oder zu erfahren, sondern es ist wie das langsame Hineingleiten in eine andere Welt. Menschen, die das schon erlebt haben, beschreiben es so, dass sich plötzlich die Landschaft verändert, alles wärmer, lieblicher und mit Tieren belebt ist, die in dieser Region nach eurem Wissen nicht beheimatet sind. Die Erde verändert langsam ihre Beschaffenheit, die eisige Konsistenz wird zu einer wärmeren, eher frühlingshaften, prächtigen Landschaft. Expeditionen in früheren Zeiten, aber auch in der heutigen Zeit suchten diesen Eingang. Manche wurden fündig, manche nicht. Auch das ist dem Plan des Lebens unterworfen. Dieser Eingang ist absichtlich so schwer zugänglich. Der Mensch, der auf der äußeren Erde inkarniert, sucht sich hier seine Aufgaben. Der Mensch und Wesen anderer Planeten im Inneren der Erde haben andere Rhythmen. Der Nordpol ist der Haupteingang der Inneren Erde. Es ist nicht als Öffnung zu verstehen. Wenn man gezielt in Richtung dieser Öffnung mit einem Schiff fährt, verändert sich das Klima und auch die Küstenbereiche. Es wird wärmer, lieblicher. Es ist ein sanftes Hineingleiten in die Erde und für das äußere Auge kam wahrnehmbar. Auch an anderen Orten gibt es Öffnungen, die hineinführen. Schon die Atlanter waren sich dessen bewusst, wenngleich auch nicht alle Menschen dieser Ära informiert waren. Das Gleiche galt für die Ägypter und Südamerikaner, die Chinesen, Europäer, um die heutigen Namen zu gebrauchen, sie kannten die Eingänge der Inneren Erde. Das Wissen darum war meist den höher entwickelten Wesen vorbehalten. Eine Ausnahme waren die Lemurier, denn diese Wesen wechselten, wenn es notwendig war, von der dritten in die vierte/fünfte Dimension und auch ins Innere der Erde. Da es ihre Aufgabe war, hier oben ihre Erfahrungen zu sammeln, war ihr Aufenthaltsort meist die Erdoberfläche.

Das Innere der Erde oder exakter die Randschichten sind über Erdhöhlen, die lange Gänge haben und oft in große Höhlen münden, zugänglich. Sie bieten Platz für eine größere Anzahl Menschen. Auch heute leben noch Menschengruppen in diesen Höhlen, die die Größe eines kleinen Dorfes haben. Sie haben bewusst dieses autarke Leben gewählt. Sie ernähren sich von Pflanzen, Kleinstlebewesen und größeren Tieren, die ihre Lebensenergie nicht von der Sonne bekommen (denn Sonnenenergie dringt nicht bis hier hindurch). Sie können dort leben und den Menschen als Nahrung dienen. Manche der Menschen gehen regelmäßig an die Oberfläche, um sich zu versorgen. Hier handelt es sich um Menschen, die sich zum einen aus dem irdischen Rhythmus ausgeklinkt haben und zum anderen um Wesen, die pendeln. Sie leben in verschiedenen Welten. Die Wesen, die in der Erde leben und durch den Eingang am Nordpol zu erreichen sind, sind alte u. a. Lemurier.

Einige Länder, auch in Europa, nutzen das Berginnere und die Höhlen, um Kriegsmaterial und Erfindungen zu lagern oder um zu experimentieren. Das ist in der Öffentlichkeit weitgehend unbekannt. Wir wollen dies nicht ausführlich beleuchten. Wiederum andere Länder errichten ganz bewusst Anlagen und kleine Gemeinschaften im Inneren der Erde, um zu prüfen, ob es sich dort leben lässt, falls das Armageddon doch geschieht. Aber ich sagte ja schon, es wird kein Armageddon mehr geben! Jeder soll bekanntlich nach seiner Fasson leben, doch Pläne dieser Art fördern das Gefühl des Getrenntseins im Menschen und nicht die göttliche Globalisierung. Einige wenige Menschen haben davon Vorteile, andere werden ausgegrenzt.

Die Anwesenheit der Außerirdischen möchte ich noch erwähnen. Einige haben ihre Basen in der Inneren Erde. Dies ist aber schon vielfach nicht mehr drittdimensional.

Jetzt ist es so weit, und ich möchte dich zu einer kleinen Reise einladen. Ich nehme wieder deine Hand und geleite dich in die Innere Erde. Schau, es ist ganz leicht, vertraue mir. Ich führe dich und du wirst spüren, dass wir direkt in die Erde fahren, wie mit einem unsichtbaren Zug. Ich bringe dich durch einen Tunnel in eine andere Welt. Du wirst gleich auf einer Wiese stehen, und auf dieser Wiese wartet voller Ungeduld dein Bruder aus Lemuria.

Er freut sich schon lange auf diese Begegnung. Sie wird den Menschen bald im äußeren Erdbereich möglich sein, wenn ihr Bewusstsein sich so verändert hat, dass sie die höheren Schwingungen der Lemurier mit physischen Augen wahrnehmen können. Ich führe es dir jetzt vor deinem inneren Auge vor. Es manifestiert sich dort ein liebevolles Wesen, eine männliche Gestalt, schau mal. Es begrüßt dich voller Liebe und Freude. Und nun lasse ich dich allein, damit du dieses Treffen genießen kannst.

Um all diese Bewohner der Inneren Erde und ihre Lebensweise zu beschreiben, müsste ich viele Kapitel füllen. Hier wollen wir lediglich darlegen, dass es sie gibt, und dir Mut machen, diesen Teil der Erde im Geiste zu besuchen. Halte dieses geistige Reisen nicht für minderwertiger als das äußerliche Reisen. Es könnte sein, dass das, was du auf diesen geistigen Reisen erlebst, viel realer ist als dein Sehen und Fühlen auf der irdischen Ebene.

Ein Teil der Lemurier lebt seit dem Untergang ihrer Zivilisation im Inneren der Erde. Sie haben sich hauptsächlich in zwei Gebieten angesiedelt und leben dort friedlich. Sie sind nicht untätig, setzen sich viel mit den Menschen auf der Erde auseinander, arbeiten mit denjenigen von ihnen, die erwacht sind und sich für ihr Wissen interessieren. Sie inspirieren Wissenschaftler, die sich mit der Beschaffenheit der Erde auseinandersetzen. Der Kontakt zu Brüdern und Schwester anderer Planeten gehört ebenfalls zu ihren Aufgaben. Die Lemurier reisen nicht viel herum, sie sind ein sehr „bodenständiges" Völkchen. Sie halten ihre Schwingung konstant auf der fünfdimensionalen Ebene, können aber bei Bedarf eine physischere Form annehmen, um Menschen zu treffen.

Dies tun sie aus Rücksicht auf deren Entwicklung wohl eher selten.

Die Innere Erde ist auch der Polarität unterworfen. In ihr befinden sich verschiedene Stationen von Außerirdischen, die technisch hoch entwickelt sind, aber nicht unbedingt in der allumfassenden Liebe agieren. Freunde aus dem All, die euch und die Erde in Liebe unterstützen und zur Heilung des Planeten beitragen, sind ebenfalls dort stationiert. Die umfassendste Basis haben die Sirianer. Auch Randgruppen vierdimensionaler Wesen halten sich dort auf. Die Menschen der oberen Erde haben diesen Orten und Städten Namen gegeben, dies möchte ich nicht tun. Ich bevorzuge es, global zu informieren. Erfahrungen kannst du im Geiste selbst anstreben, alles Weitere ergibt sich. Wenn es zu deiner Aufgabe gehört, damit Kontakt zu pflegen und vielleicht sogar dort tätig zu sein, dann wirst du es erfahren, wenn das passende Zeitfenster da ist.

Wisse, dass du sowieso auf anderen Ebenen, in anderen Bereichen des Nachts und auch am Tag viele Dienste leistest, die dir nicht bewusst sind. Vielleicht bist du Erdheiler und reist im Inneren der Erde umher, um dort Schäden und Mängel zu beheben und um zu helfen, den Erdkern wieder zu stabilisieren. „Warum ist der Erdkern instabil?", fragst du. Weil die Versuche der Menschen mit Atomenergie und anderen Kräften nicht folgenlos bleiben, und weil die Umarbeitung der Erde für den großen Schritt in die nächste Dimension viel auslöst. Alte Strukturen werden nicht nur bei dir gelöst, sondern auch in der Erde.

Die dritt- und vierdimensionalen Strukturen werden bei dem großen Wandel mit der fünfdimensionalen verbunden, sie gehen ineinander über. Und wie auch bei den Menschen wird das, was nicht mehr passt, die Erde verlassen.

Mache dir gern immer wieder ein Bild von der Ganzheit der Erde, damit wirst du dir leichter bewusst, wie verwoben all das Leben der Erde ist. Nichts existiert für sich allein. Erkenne nun, wie groß die Wesenheit Gaia ist, wie viel sie in und auf sich trägt und schenke ihr deine innige Hingabe und Dankbarkeit.

Eine Übung für dich

Eigentlich ist ein Besuch in die Innere Erde äußerst unkompliziert. Du brauchst keine Koffer zu packen und eine Reise zum Nordpol oder zu anderen fernen Gebieten zu machen. Du schließt einfach deine Augen und äußerst in reiner Absicht die Bitte, ins Innere der Erde reisen zu dürfen. Deine geistigen Helfer und die Wesen der Inneren Erde werden da sein und dich geleiten. Weißt du, da du mit allem verbunden bist, ist deine Absicht bereits bekannt. Bedenke, dass du nie allein bist, deine geistigen Helfer immer um dich herum sind und dich wahrlich jetzt in diesem Moment beim Lesen der Zeilen anstupsen, um dich zu ermutigen, eine solche Reise zu machen. Alles, was du brauchst, ist ein Sessel oder eine Couch, auf dem dem/der du es dir gemütlich machen kannst, weil die Reise sicher etwas länger dauert. Oder du legst dich draußen auf die Erde und beginnst dort deine Reise. Vielleicht fühlst du, wie ein paar Hände dich lenken und du ihnen sanft folgst. Vielleicht bist du auch sofort, ohne „Anreise", an einem Ort und wirst dort schon erwartet. Experimentiere. Der Anfang mag ein bisschen schwer sein, weil dein Verstand sich gern dazwischendrängt und dir vermittelt, dass dies doch alles gar nicht möglich sei. Schieb ihn beiseite und stimme dich ein. Gute Reise!

Weitere Übungen

Hohe Wesenheiten leben im Inneren der Erde. Wahrscheinlich sind es deine alten Freunde und Familienmitglieder, die darauf warten, dich zu treffen, um dich für die nächsten Schritte auf deinem Weg inspirieren zu können.

Vielfach ist der Mensch voller Unglaube, dass ausgerechnet er jemand ist, auf den gewartet wird. Deshalb möchte ich dich gern noch einmal daran erinnern, dass du ein multidimensionales Wesen bist, von weit her kommst und schon oft drittdimensionalen Planeten geholfen hast aufzusteigen. Du bist wahrscheinlich ein durch die Zeit reisender Aufstiegsspezialist. Das darfst du mir gern glauben.

Es gibt einige authentische Literatur über dieses Thema. Allerdings wird auch viel Spekulatives angeboten, das außerdem mit Verschwörungstheorien gekoppelt ist. Stöbere ein bisschen, bis du das gefunden hast, was dich wirklich anspricht und nicht in erster Linie deine Neugier befriedigt. Ein gutes Buch ist geistig hochschwingend. Du wirst damit in hohe Bereich geführt, da bewusste Bücher meist gechannelt sind, oft allerdings ohne dass es offensichtlich ist. Die Qualität wird dann dem Autor zugeschrieben, so wie es bei Komponisten auch der Fall ist. Du weißt schon, wie ich dies meine. Deine geistigen Freunde oder dein Höheres Selbst helfen dir gern und lassen dich vor dem Buch stehen bleiben, das wie geschaffen für dich ist. Ich weiß es.

Barbaras persönliche Erfahrungen

Ich bin bewusst nicht oft in der Inneren Erde, weil ich so viel auf der äußeren Erde zu tun habe. Aber wer weiß, was ich unbewusst erlebe? Das erfrage ich bei Kryon auch nicht, ich werde es erfahren, wenn ich es wissen soll. Eine Begegnung war sehr intensiv, interessant und sogar ein bisschen mysteriös. Ich lag abends im Bett, war noch nicht so richtig müde und verspürte den Impuls, mich in die Innere Erde zu begeben. Ich bat Mutter Erde um Erlaubnis, sah sie vor meinem inneren Auge und fragte sie, ob sie eine Aufgabe für mich habe. Sie lächelte und lud mich ein, ihr zu folgen. Sie sah wunderhübsch aus. Wenn ich sie besuche, trägt sie überwiegend rote oder orangefarbene Gewänder. Ich sehe sie meist auch mit rotblonden Haaren. Sie reichte mir ihre Hand und wir stiegen ein paar Stufen hinunter zu einem langen Gang. Dort wartete eine kleine offene Bahn, die uns auf eine kurze Fahrt mitnahm. Es war wie in einem offenen Tunnel. Auf der einen Seite konnte man die Landschaft sehen. Ich blickte auf Wiesen und Blumen, es war hell und freundlich, die Sonne schien. Ich hatte gelesen, dass es im Inneren der Erde eine Sonne gibt und einen Himmel. Dies sah ich nun. Etwas erstaunt war ich schon. Ich muss wohl sehr skeptisch ausgesehen haben, denn Mutter Erde lächelte und sagte: „Du darfst das gern glauben. Sei dir sicher, dass sogar Politiker und Wissenschaftler, wenn auch nicht viele, uns hier besuchen und von uns lernen." Wir hielten bald an, stiegen aus, gingen durch ein paar Gänge und standen bald vor einer Tür, die in einen größeren Raum führte. In diesem Raum saßen einige Wesen an einem langen Tisch. Es schien so etwas wie eine Konferenz stattzufinden.

Ich wurde aufs Herzlichste begrüßt und konnte einige der aufgestiegenen Meister erkennen. Ehrlich gesagt, war ich ein bisschen irritiert, das hatte ich nicht erwartet. Für mich war ein Stuhl reserviert, und ich wurde gebeten, Platz zu nehmen. Es war eine wichtige Zusammenkunft, das spürte ich, und es ging natürlich um die Erde. Aber was das Thema genau war, kann ich nicht mehr sagen. Ich weiß nur noch, dass ich etwas gefragt wurde und als Antwort einen längeren Vortrag hielt. Worüber? Das weiß ich leider nicht, ich kann mich nicht erinnern. Wie die Reise endete, das ist mir nicht mehr bekannt. Die Bilder wurden immer unschärfer und dann bin ich eingeschlafen. Das war so inszeniert, da bin ich ganz sicher. Ich sollte wohl erfahren, was ich sonst noch so erledige. Das gilt aber nicht für mich allein. Irgendwann werden wir uns dessen bewusst sein.

Teil 2

Der Wandel d(ein)es Seins

11

Die reine Absicht und die Liebe zu dir selbst

Nun betreten wir gemeinsam neues Terrain. Ich möchte gern ausführlich beleuchten, wie es nun weitergeht mir dir und der Erde. Ja, richtig, ich nenne euch beide in einem Atemzug. Ich weise gern nochmals darauf hin, dass deine Entwicklung mit der Erdevolution eng verbunden ist. „Was macht den Neuen Weg aus, was muss ich dafür tun?", möchtest du vielleicht fragen. Mach dir keine Sorgen, du bist bereits dabei, ihn zu beschreiten. Seit der Harmonischen Konvergenz bist du auf dem Neuen Weg der Erde, immer in starker Verbindung mit Mutter Erde. Gemeinsames verbindet, nicht wahr? Und dein Leid ist das Leid von Gaia und deine Lust ist auch die ihre.

Seit der Harmonischen Konvergenz 1987 ist die gesamte Menschheit auf dem Weg der Veränderung, der Klärung und der Läuterung, jeder auf seine Art und Weise. Der Mensch, der sich bewusst auf den Weg macht, so wie du einer bist, hat die Möglichkeit, sich einiger Werkzeuge zu bedienen. Es sind die Werkzeuge der Neuen Energie. Seit 1987 gelangen in Abständen und mit steigender Intensität große Wellen hoher göttlicher Energie auf diesen Planeten, ganz gezielt und passend zur Entwicklung von Mensch und Erde. Dies geschieht natürlich nicht zufällig und nicht willkürlich. Dabei wird Rücksicht auf die Erde genommen, um deren Veränderung es hauptsächlich geht. Damit möchte ich nicht sagen, dass die Menschen unwichtig sind, doch in erster Linie ist die Erde die Patientin, Klientin oder Nutznießerin, wie immer du es sehen möchtest. Der Mensch hat den freien Willen, er kann über seinen Weg entscheiden. Und das tun die inkarnierten Menschen jetzt auf der Erde: Die einen machen sich auf den Weg in die Ganzwerdung, die anderen entschließen sich, doch noch ein paar Lernaufgaben zu erledigen, noch ein paar Runden zu drehen. Sie tun das auf einem anderen Planeten, oder, schon etwas umgeformt, mit einer anderen DNS-Ausrichtung, erneut auf der Erde. Es erfordert viel Mut und Kraft und eine große Klarheit, die Erde in einer noch turbulenteren Zeit wieder zu besuchen. Erinnerst du dich, das Thema dieses Universums ist „Mut"?

Die Werkzeuge in der Neuen Energie sind göttliche Gaben, die es ermöglichen, weiter in die eigene Meisterschaft zu schreiten. Den Weg in die Meisterschaft hast du wahrscheinlich schon in den vorherigen Inkarnationen begonnen. Einige von euch sind schon Meister, die sich noch einmal bereit erklärt haben, hier zu inkarnieren, um der Erde zu helfen.

Alle Werkzeuge der Neuen Energie dienen der Herzensöffnung; sie sind Geburtshelfer am Beginn des Weges in die reine Absicht. Eine „reine Absicht", und diesen Begriff erkläre ich dir sehr gern, ist der Ausdruck deiner eigenen Göttlichkeit. Wenn du etwas in reiner Absicht tust, tust du es mit offenem Herzen, so wie ein Kind ganz unschuldig die Welt entdeckt. Wer mit reiner Absicht diesen Weg zurück in die Einheit geht, geht den Weg mit der eigenen Göttlichkeit. Ich schenke dir dieses Buch, damit du dein Leben nun mit geöffnetem Herzen und reiner Absicht eigenverantwortlich immer mehr in die Hand nimmst. Das beinhaltet, dass du bereit bist, dein Sein völlig umzukrempeln, aufzuräumen und Platz zu schaffen für Neues. Wenn ich „aufräumen" sage, meine ich hauptsächlich die Klärung deines Emotionalkörpers. Dieser Körper, der mit deinem physischen Körper verbunden ist, enthält alle Erfahrungen dieses und auch der anderen Planeten in diesem Teil des Universums, wo Dualität gelebt wird. Die primäre Aufgabe ist nun, die Erlebnisse der Inkarnationen auf diesem Planeten zu klären. Der nächste Schritt wäre, deine Sternenbegegnungen zu betrachten, zu glätten und anzuerkennen. Ängstige dich nicht und sage nicht: „Kryon, woher soll ich wissen, wann was zu tun ist?" Du bist nicht allein. Deine Helfer sind immer da und geleiten dich durch die Reinigungsphase. Sie präsentieren dir durch kleine Erlebnisse all deine zu bearbeitenden Themen wie auf einem Silbertablett: Sie servieren dir deine Klärungsarbeit, manchmal sanft, manchmal sehr direkt. Und du hast die Aufgabe, all das zu erkennen, zu akzeptieren, gegebenenfalls zu entlassen oder zu integrieren. Ist doch gar nicht so schwer, oder? Bei dieser Klärungsarbeit ergibt sich fast automatisch, dass du den Wunsch verspürst, auch auf der äußeren Ebene aufzuräumen. Sei es tatsächlich zu Hause in deiner Wohnung oder in den Beziehungen, die zu deinem Leben gehören.

Die Helfer, die um dich herum sind, bestehen unter anderem aus Mitgliedern deiner Familie, die zurzeit nicht inkarniert sind. Sie sind auch um dich herum, um an dir zu lernen, du bist ihr Schulungsobjekt. Mit dem Weg in die Neue Energie seit 1987 haben viele alte Seelen in reiner Absicht um die Klärung des Karma gebeten. Der Vorgang, der dann geschieht und weitere Schritte der Eigenermächtigung enthält, die wir alle nach und nach beschreiben wollen, wurde in den Schriften meines amerikanischen Partners übersetzt als das „Neutrale Implantat". Der Bitte wurde entsprochen. Dein Karma auf diesem Planeten, die wechselseitigen Aktionen, die hier geschahen, sind gelöscht. Was bleibt, sind die alten Muster, die zu klären sind. Ich meine diese Muster, die in gewissen Situationen zu immer denselben Reaktionen verleiten. Meist stecken Ängste dahinter. Angst vor Menschen, vor Prüfungen, Versagensängste allgemein. Du reagierst, wie du es immer getan hast, vielleicht seit vielen Leben, weil du einmal ein Erlebnis hattest, das dich prägte.

Letztlich reduzierte sich alles auf das mangelnde Selbstbewusstsein, auf das Denken, von Allem-was-ist getrennt zu sein, auf mangelndes Gottvertrauen. Und das gilt es wieder zu stabilisieren. Angst ist Abwesenheit von Liebe. Wenn die Angst integriert, angenommen und als Illusion erkannt ist, kann die allumfassende Liebe, kann deine eigene Göttlichkeit wieder das Zepter übernehmen. Der Aufstieg ist dieser Weg, den du jetzt beschreitest, es ist der Prozess, den ich eben beschrieben habe. Aufstieg ist die Veränderung deines Bewusstseins. Lass mich ein Beispiel nennen, das dich sicher interessiert. Wir sprachen schon darüber. Im Moment kannst du beispielsweise die Engel und die Elementarwesen um dich herum mit dem irdischen Auge nicht wahrnehmen. Wenn du dein Bewusstsein erweiterst, werden sie für dich sichtbar sein. Da dreht nicht irgendjemand dran herum, das bist du selbst. Das Außen verändert sich nicht, du veränderst dich. Du beginnst dich selbst ganz wahrzunehmen, du entdeckst wieder die Liebe zu dir selbst, Schritt für Schritt wird aus dir wieder ein Ganzes.

Mit diesem Schritt in den Prozess des Aufstiegs haben sich deine Schutzgeister (Engel), die dich bisher begleiteten, verabschiedet. Keine Angst, du bist nicht allein gelassen. Es sind andere gekommen. Wir nennen sie „Meistergeistführer". Sie sind immer da, wenn Wesen auf einem Planeten so große Sprünge machen, wie Erde und Mensch es jetzt tun. Wir nennen sie „Aufstiegsspezialisten". Es sind hohe Wesenheiten, die sich gut mit Aufstiegsphänomenen und -problemen auskennen. Sie arbeiten an deinen Körpern. Sie werden dich langsam und so, wie es für dich angemessen ist, umformen, Lichteinspeisungen vornehmen und die DNS wieder vollständig aktivieren. In den letzten 10.000 Jahren war die DNS der Menschen von zwölf auf zwei Stränge reduziert. Dies ist geschehen, damit der Mensch die drittdimensionale Ebene noch tiefer und intensiver erfahren konnte. Gleichzeitig war das auch mit einer Manipulation der Menschen verknüpft. Außerirdische, die sich die Menschen untertan machten, waren dafür verantwortlich. Ich bitte dich darum, nicht mit Wut oder Traurigkeit zu reagieren, weil vielleicht auch schmerzliche Erinnerungen nach oben kommen, sondern in Liebe hinzunehmen, dass auch diese Entwicklung im Plan des Schöpfers enthalten war. Sonst wäre eingegriffen worden.

Die Liebe der Quelle ist unermesslich, und sie hat in ihrer unendlichen Güte und Weisheit diesen Plan geboren, um extreme Erfahrungen zu ermöglichen. Und da du ein Teil des großen Schöpfers bist, hast du dem zugestimmt. Das ist eine verrückte Vorstellung, nicht wahr? Vielleicht gehörst du zu denen, die sehr lange auf die Chance des Aufstiegs gewartet haben, und fühlst dich wie eine kleine Schlafmütze, die noch nicht ganz wahrgenommen hat, dass die Erdenreise eine Wende genommen hat und dem Ende zugeht. Du kannst es noch gar nicht so recht glauben. Das ergeht vielen alten Seelen so.

Auch aufgestiegene Meister und die Erzengel kümmern sich intensiv um dich auf deinem Weg in den Aufstieg. Jetzt bist du vielleicht erstaunt, dass so hoch stehende Wesen sich deiner annehmen. Du erwachendes Schöpferwesen hast die beste Betreuung verdient. Wenn du wissen möchtest, welcher Erzengel an deiner Seite steht, kannst du es durch eine geistige Reise herausfinden. Eine Meditation dazu findest du im Kapitel „Ein Kurs in Channeln".

Die reine Absicht ist der Weg in die Liebe zu dir selbst. Gestatte dir, dich völlig neu zu betrachten. Erlaube dir, das Vertrauen in dich selbst zu setzten. Du bist ein Teil Gottes, das auszog, tiefe Erfahrungen zu machen. Dafür bist du geehrt und geliebt. Stelle dich gern vor den Spiegel und schaue dich genau an. Was siehst du? Einen müden, erschöpften Pionier oder ein strahlendes, lachendes Lichtwesen, das jetzt aufsteht, um sich zu häuten, um alle Hüllen abzulegen, bis der Kern zum Vorschein kommt. Da liegt der göttliche Same, da blitzt ein strahlendes Licht. Das Licht, das einmal alle Hüllen auf sich nahm, um tapsend durch die Welt zu gehen. Lächle diesem netten, sympathischen, schlafenden Meister im Spiegel zu und sage ihm: „Wir schaffen das, wir wollen die Ärmel hochkrempeln und in reiner Absicht Schicht für Schicht der Altlasten, der Konditionierungen, Stempel, Schwüre, Eide und Versprechungen löschen. Alle Schattenseiten wollen wir gemeinsam nach oben holen, anschauen, sie umarmen und dann integrieren. Erhobenen Hauptes wollen wir die nächsten Schritte unternehmen, gemeinsam mit den Helfern und dem Höheren Selbst, um dann letztlich mit ihm wieder zu verschmelzen. Und das alles in reiner Absicht, aus ganzem Herzen. Denn was aus dem Herzen getan wird, entspricht der göttlichen Wahrheit, der Wahrheit von Allem-was-ist." Beende dieses Zwiegespräch, das du laut führen solltest, indem du deine linke Hand auf dein Herz legst. Du wirst einen starken Strom göttlicher Energie spüren. Es ist die Antwort deines Höheren Selbst auf diesen Schritt reiner Absicht. Es war ein lautes „Ja, ich bin dabei". Schreite frohen Mutes voran!

Eine Übung für dich

Wir unterhielten uns eben über die Familie, die dich betreut. Es sind die, die entweder zu deiner Seele gehören oder zu deiner großen Seelenfamilie. Letzteres sind Seelen, die sich zusammenschließen, um gemeinsam den Weg der Erfahrungen zu gehen. Deine Seele wurde, als sie in dieses duale System kam, in einige Teile aufgeteilt, meistens in zwölf. Das diente dazu, gleichzeitig vielfältige Erfahrungen zu machen. Darüber wacht das Höhere Selbst und betreut deine Leben und die der anderen Anteile. Du bist jetzt in einer sehr interessanten und prägenden Zeitschiene hier inkarniert. Deine anderen Anteile, deine Brüder und Schwestern, sind in anderen Leben, die alle jetzt und gleichzeitig stattfinden, aktiv. Sie sind, wenn sie auf der anderen Seite des Schleiers sind, nicht in das Konstrukt Zeit eingebunden. Du bist es auch nicht, wenn du nicht inkarniert bist. Die Seelenaspekte ohne irdisches Kleid dienen dir und auch den anderen Inkarnierten, die sich auf der Erde amüsieren und abmühen, als Helfer. Das nennen wir „geistige Familie".

Ich möchte nun, dass du Kontakt zu einem deiner anderen Seelenaspekte aufnimmst. Schließe deine Augen und stelle dir vor deinem geistigen Auge eine Wiese vor (Näheres dazu in dem Kaptitel „Visualisieren, ein Schöpferwerkzeug"), hole sie dir intensiv herbei und nimm wahr, wie du dort stehst. Wenn das Bild stabil ist, dann bitte in reiner Absicht den Seelenanteil, der dich jetzt betreut, vor dein inneres Auge auf die Wiese. Vielleicht dauert dies ein paar Augenblicke, es wird geschehen. Es ist möglich, dass dieser Anteil in einer Gestalt erscheint, die dir bekannt ist. Es kann Onkel Fritz oder deine Schwester Lisa sein, die früh die Erde verließ. Bedenke, dass es nicht wichtig ist, als was dieses Wesen erscheint, denn es trägt nur ein Kleid von vielen, das es schon trug. Ihr habt euch sicher viele Male dabei begleitet und unterstützt, all die Erfahrungen zu leben. Dieses Kleid wird vielleicht kurz aufblitzen, um Vertrautheit zu schaffen. Dann wird dieses Wesen dir neutral erscheinen. Auch alte Erinnerungen, die bei dir aufflammen, lasse los, denn dein Familienmitglied will dir vermitteln, dass alles Ungeklärte gelöst ist. Ihr seid auf neutralem Boden und wollt gemeinsam deine Inkarnation so glatt wie möglich durchlaufen. Dein Helfer ist da, um dich zu stützen und zu begleiten. Begrüße ihn und genieße die Verbundenheit und die Freude. Spüre, wie dein Herz ganz weit wird und du alte Spannungen oder Traurigkeit entlässt. Sie sind nicht mehr von Belang. Frag ihn, was er dir mitteilen möchte. Vielleicht hat er Ratschläge für dich oder vermittelt dir, welche Aufgaben er bei deiner Betreuung hat. Die Botschaften kommen als Gefühl oder als Gedankenstrom zu dir. Wenn die Kommunikation noch nicht klappt, genieße die Begegnung.

Weitere Übungen

Kontakt mit der Familie ist deshalb so nährend, weil er dir vermittelt, dass du nie allein bist. Es ist ein Paradox, dies anzunehmen, weil du als Energiefeld mit deinen anderen Anteilen stets verbunden bist. Lasse diese Information, diesen Gedanken in deinem Kopf umhergehen und spüre, wie gut dir diese Vorstellung tut. Auf einer höheren Ebene kommuniziert ihr ständig miteinander und tauscht Erfahrungen aus. Das Höhere Selbst ist die Verbindung, der Mittler, die Zentrale der Gruppeneinheit, die wir als Seele bezeichnen.

In diesem Zusammenhang möchte ich gern kurz auf die Chakren eingehen. In der Zeit vor der Harmonischen Konvergenz spielten bei den irdischen Entwicklungen die sieben Hauptchakren und die vielen Nebenchakren die Hauptrolle. Jetzt spielen weitere Chakren, die einerseits über dem Kronenchakra und andererseits unter dem Basischakra liegen, eine größere Rolle. Sie werden so aktiviert und integriert, wie es zu deinem Entwicklungsstand passt. Ich möchte in diesem Buch nicht auf die Chakren näher eingehen, das behalte ich mir für später vor. Ich schlage dir dennoch vor, dich damit insofern auseinanderzusetzen, dass du dir, wenn du sicher visualisieren kannst, zu jedem Chakra ein Gefühl und ein Bild holst und dich so auf diese Erweiterung einstimmst. Hier ein paar Anregungen, die für den Anfang ausreichend sind: Das achte Chakra über deinem Kronenchakra ist der Sitz deiner Seele, die wiederum Teil deines Höheren Selbst ist. Darüber ist das Chakra deines Lichtkörpers. Das zehnte Chakra ist der Kausalebene zuzuordnen und bewirkt das Ausgleichen der Polarität und integriert die göttliche Kreativität. Dies soll vorerst reichen. Entwickle ein Gefühl für die Ebenen, die diese Chakren symbolisieren.

Wenn du dies noch erweitern möchtest, bitte die Chakren, sich dir als Person zu zeigen und dir etwas zu deiner Entwicklung zu sagen. So bekommst du Hinweise für die nächsten Schritte oder neue Erkenntnisse.

Barbaras persönliche Erfahrungen

Im Laufe der Jahre habe ich immer mehr Lust, meine innere Welt zu entdecken. Anfangs war das nicht so. Ein Teil von mir sträubte sich gegen innere Erfahrungen, auch das war eine alte Konditionierung. Heute ist es oft eine große Freude, meine inneren Aspekte näher kennenzulernen oder etwas neu zu entdecken. Ich arbeite gern mit inneren Bildern, besonders dann, wenn ich bestimmte Themen beleuchten möchte. Während ich ein Buch schreibe, ist das oft so. Ich durchlebe alles, was ich empfangend schreibe. So hab ich jetzt bei diesem Buch meine Chakren wieder besucht und sie gefragt, was sie von meiner Channelarbeit hielten. Auf die Antworten war ich sehr gespannt, weil auch ich hin und wieder ins Ungleichgewicht gerate. Hier der Bericht: Ich begann beim Basischakra, ein alter Weiser tauchte auf und erklärte mir, wie wichtig meine Erdverbundenheit sei. Ich dürfe gern noch ein bisschen mehr in die Natur gehen und mir der Verbindung zur Erde bewusster sein. Das zweite Chakra trat auf Wunsch dazu, in Form einer hübschen rothaarigen Frau, die mir versicherte, sie sehe dies auch so, weil die Kreativität dann mehr fließen könne. Außerdem würde die Verschmelzung der beiden mein Selbstvertrauen weiter stärken, damit ich noch gelassener in meinem Arbeitsalltag und im Privaten sei. Das leuchtet ein. Das Thema „Sexualität" wurde noch beleuchtet. Der Solarplexus gesellte sich als Chinese in einem gelben Gewand hinzu und wies mich auf die Verbindung zu meiner Macht hin und fragte mich, was ich von der Macht an sich hielte. Ich hatte ein langes, sehr aufschlussreiches Gespräch mit ihm. Das Herzchakra war ein weites weibliches Engelwesen, das alle umarmte, lachte und sagte: „Lebe aus dem Herzen, spüre immer in es hinein, bevor du eine Entscheidung treffen musst, dann wird es die richtige sein."

Die Person, die aus dem Kehlkopf kam, war ein blau gekleideter Mann, unausgeschlafen und muffelig. Mehr Schlaf brauche er, er möge nicht immer gestört werden, und so viel arbeiten wolle er auch nicht! Nachdem sich alle um ihn gekümmert hatten, er gestreichelt und gelobt worden war, fühlte er sich wohl und stieß mit allen mit einer anscheinend sehr leckeren Obstbowle auf gutes Gelingen an. Das Dritte Auge war eine lichte, helle androgyne Gestalt, die weise schaute und sagte: „Viel entwickelt sich, du musst deiner inneren Weisheit trauen und nicht im Außen suchen, dann fügt sich alles!" Und im Kronenchakra offenbarte sich das Weltall; eine Klarheit, Weite und die Unendlichkeit machten sich breit. Alle meine Chakrenwesen schauten fasziniert und staunend nach oben.

Diese kleine Reise birgt viele Themen in sich. Ich hab Ihnen meine privaten Erlebnisse gern offenbart, um Sie zu ermuntern, Ähnliches zu tun. Ich fühlte mich hinterher übrigens sehr kraftvoll und voller Lebensfreude.

12

Visualisieren, ein Schöpferwerkzeug

Eines der kreativsten Werkzeuge der Neuen Energie ist das Visualisieren. Natürlich wussten Menschen auch zu früheren Zeiten um diese Kraft. Allerdings beschäftigten sich meist nur Seher, Propheten und Eingeweihte damit. Visualisieren heißt, sich vor dem inneren Auge etwas Bestimmtes intensiv vorzustellen. Wir wollen dies gleich einmal probieren: Schließe deine Augen und nimm deine innere Umgebung war. Vielleicht ist alles, was du wahrnimmst, Dunkelheit. Vielleicht bewegen sich dort auch noch Reste von den Strukturen, die du mit offenen Augen betrachtetest. Diese Reste sind Umrisse der ätherischen Muster des Gegenstandes, der Welt, die du sahst. Du kannst das bei dieser Gelegenheit noch einmal probieren. Schaue beispielsweise auf ein Fenster, dann wird, wenn du die Augen schließt, die Form dieses Gegenstandes als negatives Nachbild vorhanden sein. Langsam löst es sich dann auf. Dieses Phänomen hat etwas mit der Aura des Geschauten zu tun. Du erschaust die ätherische Form des Gegenstandes. Durch die Sensibilisierung deiner Wahrnehmung wird diese Form mehr offenkundig für dich und kurz sichtbar gespeichert. Später kannst du dies auch mit offenen Augen bemerken. Schaue einen Gegenstand länger an, blicke dann langsam etwas weiter nach rechts oder links, und das Bild des Gegenstandes begleitet dich, um sich dann allerdings bald wieder aufzulösen. Es kann lange für dich erkennbar sein, wenn du entspannt bist und nicht so gezielt schaust, sondern locker, eher nebenbei, peripher. Denke über dieses Phänomen nach. Je mehr du dich mit Themen dieser Art beschäftigst, desto mehr gibst du deinem Verstand Arbeit. Du regst ihn an, sich damit auseinanderzusetzen, sodass du bald zu einer umfassenderen Sichtweise kommst. Das Prinzip ist, etwas Unbekanntes anzudenken, von allen Seiten zu beleuchten und dann loszulassen. Es arbeitet im Geiste weiter, der Verstand wird inspiriert, in neue Ebenen vorzudringen. Du schulst damit deinen Verstand, sich mehr neuem alten Wissen zu öffnen. Alles Wissen ist in deinen Zellen gespeichert. Es war nur unterdrückt, belegt, zugedeckt, weil du hier andere Lernaufgaben hattest, du warst ja auf Entdeckungsreise.

Doch wieder zurück zu unserer kleinen Übung. Du hast deine Augen geschlossen und stellst dir nun etwas vor. Für unsere geistigen Reisen wäre dies zum Beispiel eine Wiese. Zum Probieren kannst du auch etwas anderes wählen. Stelle dir eine Erinnerung aus einem besonders schönen Urlaub vor oder vielleicht dein erstes Verliebtsein und den ersten Kuss.

Das klappt bestimmt gut. Stelle es dir vor deinem inneren Auge vor. Und du wirst bemerken, dass dieses nicht auf den Augenlidern stattfindet, sondern dahinter. Nun hole dir dieses Geschehen nah heran. Erinnere dich ganz plastisch, nimm alles genau wahr, gehe mit deinem Gefühl hinein, das ist wichtig. Fühle die gesamte Begegnung, vielleicht kannst du sogar den Duft von damals wieder hervorholen. Bedenke, alles ist in deinem Emotionalkörper gespeichert. Jede Begebenheit deiner verschiedenen Leben ist nicht vergessen, sie lebt immer weiter, wenn du sie nicht löschst. Visualisieren ist ein gutes Werkzeug für deine Zusammenarbeit mit mir und anderen geistigen Helfern und Lehrern.

Jetzt möchte ich dich bitten, dir eine Wiese vorzustellen. So eine Wiese, die dir gut gefällt, vielleicht eine aus deiner Erinnerung. Wenn du uns, deine Helfer, um Unterstützung bittest, helfen wir dir gern. Wandere im Geiste ein bisschen auf der Wiese umher. Eine weitere Unterstützung für klares inneres Schauen ist das Fühlen. Du hast sicher eben bei der Verliebtheit bemerkt, dass das Fühlen gut klappt. Das Herzklopfen oder das Kribbeln im Bauch waren fast wie damals fühlbar. Und hier auf der Wiese gehst du zur Unterstützung auch ins Gefühl, indem du mit deinen nackten Füßen das Gras fühlst, auf dem du stehst. Du bist barfuß und spürst jetzt intensiv das Gras, ob es hoch ist oder niedrig, ob es feucht ist oder warm. Du wirst es wissen, du weißt es durchs Fühlen. Wir nennen das „Sehen durch Fühlen". Erfühle deine Umgebung. Sind dort Büsche, Bäume, Blumen, Steine oder ist

Moos zu deinen Füßen? All das erfühlst du. Wir werden später weitere Schritte tun. Probiere diese kleine Übung, bis sie gut funktioniert.

In all den Seminaren, die wir gemeinsam machen, meine Partnerin und ich, haben wir festgestellt, dass Frauen sich leichter tun mit dieser Übung. Männer haben manchmal Probleme, loszulassen und ganz einzutauchen; der Verstand möchte gern die Führung übernehmen. Probiere bitte und nimm dir Zeit. Gehe immer wieder in die Ruhe hinein, übe dort, wo du ungestört bist. Du kannst dich auch gern hinlegen, wenn dich das mehr entspannt, und dann probieren. Morgens nach dem Aufwachen ist eine gute Möglichkeit, da bist du noch nicht so im Verstand.

Visualisieren ist eine gute Möglichkeit, die Wirklichkeit der anderen Ebenen zu verstehen. Diese Wirklichkeiten sind Kreationen von Gedanken. Alles ist ursprünglich im Geiste entstanden. Alles. Auch du, die Erde, ebenso dieses Universum. Hohe Wesenheiten erdachten, und der Schöpfer wiederum erdachte sie. Dieser Gedankengang ist eine Möglichkeit, tiefer in die Schöpfung einzutauchen.

Deine eigenen Visualisationen sind die Vorstufe zum Kreieren, dem Kreieren, das zur Materialisation führt. Alles, was du erlebst, hast du selbst kreiert. Alles, ohne Ausnahme, lass auch diesen Gedanken etwas länger in dir wirken. Alles hast du dir selbst erschaffen. Hast du nun Lust bekommen, dein Leben zu beleuchten, und dir bewusst zu werden, was du ändern möchtest? Wunderbar, dann sind wir ja dem Ziel dieses Buches ein bisschen näher gekommen. Dieser Weg ist das Ziel. Ich bin hierher gekommen, um den Menschen zu dienen. Das Werkzeug des Visualisierens ist neben der Kontrolle deiner Gedankenformen das wichtigste Werkzeug, das es dir leichter macht, dich von alten Konditionierungen zu klären und dich auf dein neues Leben einzustimmen. Das Visualisieren verschafft dir die Möglichkeit, geistig zu reisen und Kontakt zu uns aufzunehmen, zu deinen Helfern.

Ein weiteres Werkzeug ist die Zusammenarbeit mit uns, deinen geistigen Helfern. Ich meine das Channeln oder dich generell zu öffnen für deine Intuition. Du handelst intuitiv, wenn du dich für das Göttliche, das wir vertreten, öffnest. Wir oder dein Höheres Selbst dürfen dich dabei leiten, das Potenzial deines Lebens auszuschöpfen. Das Kontrollieren der Gedanken und das Channeln, sei es direkt oder als Intuition, besprechen wir später. Du könntest, wenn du deine Wiese gut siehst und fühlst, noch einen Schritt weiter gehen: Nimm dich selbst als agierende Person auf der Wiese wahr. Streiche mit deinen geistigen Händen über deinen Körper und spüre, wie du aussiehst. Vielleicht so, wie du dich besonders gern siehst. Du schaust sehr hübsch aus, und du fühlst dich in der Kleidung wohl, die du trägst. Betaste dich selbst so lange und ausführlich, bis du weißt, was du auf der Wiese trägst und wie du aussiehst. Diese Situation kann die Ausgangsposition für weitere geistige Reisen und Treffen mit deinen Helfern und deinem Höheren Selbst sein. Verstehe bitte, dass du dir alles selbst in deinen inneren Welten kreieren kannst. Du formst dir deinen eigenen Schaffensplatz, und wir erlauben uns, in deine Welten einzutreten. Du leitest dies durch deine reine Absicht ein.

Eine Übung für dich

Wenn du deine innere Wiese stabilisiert hast, lade ich dich nun ein, mehr auszuprobieren. Wie wäre es mit einem Besuch von Erzengel Michael? Michael ist mit seinen Legionen groß im Einsatz, er hilft vielen Menschen in dieser Zeit, alte Muster und alte Implantate zu entfernen. Auch dir möchte er gern behilflich sein. Wenn du ihn treffen möchtest, gehe auf die Wiese, sprich die reine Absicht aus, ihn zu treffen, und schaue, wie er sich vor deinem inneren Auge materialisiert. Er steht, wahrscheinlich sehr machtvoll, vor dir. Jetzt geht es darum, ihn gut wahrzunehmen, relativ klar zu erkennen. Nimm dir Zeit dafür. Schaue ganz genau hin. Zuerst siehst du vielleicht eine blaue Farbe, er ist oft blau gekleidet, weil er dem blauen, dem ersten göttlichen Strahl zugeordnet ist. Dann versuche, Umrisse zu erkennen. Du darfst auch gern darum bitten, dass er dir dabei hilft. Eine gute Unterstützung ist, wenn du wieder ganz ins Gefühl gehst. Und das geht so: Konzentriere dich auf deine Füße, bewege deine nackten Zehen, sodass du ganz in Kontakt mit der Erde und dem Gras bist, auf dem du stehst. Dann fühle weiter nach vorn und prüfe, ob Michael auch barfuß ist oder ob er Schuhe trägt.

Vielleicht lachst du jetzt und sagst: „Die kann er doch gar nicht tragen, er ist doch nicht materiell." Das ist generell korrekt. Doch bedenke, er ist Licht, aber er hat die Möglichkeit, sich jederzeit so zu formen, wie der Mensch es braucht. Und wenn du ihn in einer starken Rüstung erwartest, wird er eine tragen. Wenn du ihn sanft und zart brauchst, wird er dir in einem leichten Gewand und liebevoll lächelnd begegnen. Versuche nun, dir die ganze Gestalt vor dein inneres Auge zu holen. Das kann ein bisschen dauern. Vielleicht klappt es auch nicht sofort. Bitte übe immer wieder. Michael ist auch stets bereit, dich zu unterstützen. Er hat die Möglichkeit, überall, zu jeder Zeit für alle Menschen da zu sein. Das ist ein interdimensionales Konzept, und du bist auf dem Weg, dies bald zu verstehen. Michael ist gekommen, um an dir eine Reinigung und Klärung vorzunehmen. Wann immer du ihn triffst, wird der richtige Zeitpunkt, das passende Zeitfenster dafür sein, die Dinge zu entfernen, die gehen dürfen. So gehst du Schritt für Schritt weiter, deine Aufstiegsspezialisten freuen sich schon, nun weitere Öffnungen und Vernetzungen für dich zu schaffen.

Wann immer du das Gefühl hast, dass du eine Reinigung brauchst, triff Erzengel Michael auf der Wiese und bitte ihn, an dir zu arbeiten. Scheue dich nicht, diese Dienste in Anspruch zunehmen. Vielleicht denkst du manchmal, wenn du dich nicht so gut fühlst: „Ach, das geht schon wieder." Warum nimmst du diese Chance, Unterstützung zu erhalten, nicht an? Ein kurzer Besuch im Kaufhaus kann schon eine energetische Verschmutzung mit sich bringen. Wenn du just in einer entscheidenden Lebensphase bist und dich alte Konditionierungen hindern oder steuern, bitte Michael, dich davon zu befreien. Aus dieser Sicht betrachtet, ist Erzengel Michael auch ein Werkzeug der Neuen Energie. Saint Germain reiht sich ebenfalls gern in die Riege ein. Bei dieser Gelegenheit möchte ich nochmals an die zwölf göttlichen Strahlen erinnern, die jetzt in deinem Kausalkörper gespeichert, aktiviert und ein hochwertiges Werkzeug für Reinigungs- und Wachstumsprozesse auf dem Weg in die Meisterschaft sind.

Weitere Übungen

Wenn es dich anspricht, beschäftige dich mit den zwölf göttlichen Strahlen und ihren Einsatzbereichen sowie den ihnen zugeordneten Wesenheiten. Es sind Elohim und aufgestiegene Meister, die sie halten und lenken, sie machen dich gern damit bekannt. Jeder Strahl ist einer Qualität zugeordnet, die den Schritt in die Eigenverantwortlichkeit auf dem göttlichen Pfad hilfreich fördert.

Wenn du diese Wiese fest als Begegnungsstätte etabliert hast, wird es für dich selbstverständlich werden, sie oft zu besuchen, um geistige Freunde zu treffen, um Gespräche zu führen, die deine Sorgen betreffen, und um die herrliche Energie der Lichtwesen zu spüren. Wenn du einen anderen

Platz bevorzugst, kannst du dir auch eine Pyramide, einen bestimmten Raum oder einen Platz am Meer aussuchen. Vielleicht änderst du ihn manchmal oder fügst ein Detail hinzu. Oder aber deine Helfer tun es für dich. Vielleicht erwartet dich sogar bei einem Besuch eine Elfe, die dich vielfach begleitet.

Barbaras persönliche Erfahrungen

Ich glaube, dass es häufig eine falsche Vorstellung vom inneren Sehen gibt. Ich höre immer wieder in den Einzelsitzungen von den Menschen: „Ich kann nicht innerlich sehen, mein Drittes Auge ist nicht geöffnet." Das ist nicht unbedingt die gleiche Sache, vielleicht könnte man sagen, das eine ist mit anderen eng verbunden, aber bedingt sich nicht. Das Öffnen des Dritten Auges ist eine Erhöhung des Bewusstseins und nicht unbedingt mit klaren inneren Bildern auf den Lidern verbunden. Viele Menschen erwarten klare Bilder wie Fotos, so wie sie es vom äußeren Sehen kennen. Das Öffnen des Dritten Auges geht auch mit Vorahnungen, Visionen und hellseherischen und hellfühligen Fähigkeiten einher. Das Visualisieren aber ist etwas Schöpferisches, das durch Üben erlangt werden kann. Die Öffnung des Dritten Auges ist auch ein Akt der Gnade, dem Hingabe vorangeht. Damit will ich natürlich nicht sagen, dass die göttliche Gnade nicht auch zu allen kommt, die Visualisieren üben.

Bei den meisten Menschen, die für Einzelsitzungen zu mir kommen, genügt ein kurzes An-die-Hand-Nehmen und Anleiten, oft durch den Hinweis auf das eben beschriebene Fühlen von den eigenen Füßen zum geistigen Partner. Das innere Schauen und Visualisieren geht wirklich vielfach übers Fühlen. Und dann sagen die Klienten: „Ach, so ist das gemeint, jetzt verstehe ich. Ja, das kann ich." Es ist so, als würde lediglich ein Schritt im Bewusstsein getan und dann funktioniert es.

Meine persönlichen Erfahrungen mit der geistigen Welt sind vielfältig, innere Bilder in dieser Form hatte ich schon sehr früh. Da ich schon lange Kontakt „nach oben" habe, kann ich mich nicht so recht erinnern, wie es begann. Vielleicht kann ich zum Trost für alle Leser, denen es nicht auf Anhieb gelingt, sagen, dass dieses Visualisieren auch von meiner Tagesform abhängig sein kann. Wenn ich erschöpft bin, dann kann ich das Bild nicht so gut halten, oder ich möchte etwas tun und fliege einfach nur durch den Weltraum. Das ist dann allerdings auch ein Hinweis meiner Freunde, nichts mehr zu tun, nicht mehr so viel zu denken. Alles ist gut so, wie es ist, wird mir vermittelt. Dann soll ich leicht und fröhlich ohne eigenen Willen durchs Weltall düsen oder treiben, völlig losgelöst.

Meine Kontakte und Arbeitsweisen sind sehr unterschiedlich, je nach Situation. Mit Erzengel Michael und Saint Germain arbeitete ich gern und oft. Das gilt sowohl für die Einzelsitzungen als auch für mich privat. Eine Klärung nach einem langen intensiven Tag ist immer gut. Und während der letzten Jahre bin ich durch manch harte Prozesse gegangen, die mit alten Konditionierungen zu tun hatten. Seien es Atlantis-Themen, die angenommen werden wollten, oder Verbindungen zu fernen Wesen, denen ich vor langer Zeit ein Versprechen gegeben hatte, das aufgehoben werden durfte. Ich hatte verschiedene Implantate, die ich erahnte oder über die ich informiert wurde. Manchmal musste ich dazu ein Thema anschauen, manchmal war dies nicht nötig. Ich fühlte dann meist plötzlich, dass es gut sei, auf die Wiese zu gehen, um Michael zu treffen. Dann offenbarte er und zeigte mir, wo noch ein Implantat saß, was es bedeutete und dass es nun das passende Zeitfenster gäbe, es zu entfernen. Manchmal musste ich nicht wissen, woher, seit wann und warum ich es hatte. Das ist das Schöne an dieser Zeit, es ist die Möglichkeit da, alte Muster und Prägungen ohne viel Aufhebens zu ent-lassen, und man bekommt große Unterstützung durch die Aufstiegspezialisten, durch Meistergeistführer, durch die Elfen, Feen und Erdwesen und natürlich durch das Höhere Selbst. Nur die Schritte, die müssen wir selbst einleiten, das kann uns niemand abnehmen. Aber wenn wir in reiner Absicht diesen Weg wählen, ihn beschreiten, dann wird uns große Hilfe zuteil.

Wir gehen einen neuen, interessanten Weg, der nicht immer leicht ist, aber das haben wir auch nicht erwartet, oder? In mir ist große Dankbarkeit, ich weiß, ich habe so lange darauf gewartet, endlich weiter zu gehen und mich auf neue Schritte zu anderen Planeten, in anderen Systemen einzulassen. Ich tue meinen jetzigen Dienst gern, aber ich freue mich auf neue Herausforderungen. Ich spüre so oft – es war als Kind schon so –, dass mir etwas fehlt. Ich konnte Dinge nicht einsetzen, nicht formen, nicht erreichen, wie ich es aus anderen Ebenen kannte. Ich kam mir oft so machtlos vor. Ich hatte manchmal Erinnerungen, wie es auch anders sein könnte. Es waren kleine Blitze der Erkenntnis. Nun freue ich mich sehr, endlich in die Freiheit zu schreiten. Ich will dies voller Hingabe und Dankbarkeit und voller Lebensfreude tun. Aber ich übe auch noch.

13

Ein Kurs in Channeln

War es nicht schon immer dein Wunsch, mit deinem Höheren Sein bewusst Kontakt zu haben? Ja, dann wird es Zeit, diese Verbindung aufzubauen. Denkst du, und das ist ein altes Muster, dass so etwas nur ganz besonderen Menschen vorbehalten sei? Irrtum, das ist alte Energie, salopp ausgedrückt: Das ist Schnee von gestern. Höre ich dich lachen? Das ist prima. Denn Lachen ist auch eines der Werkzeuge der Neuen Zeit. Lachen setzt bestimmte Hormone frei, die wiederum das Wachstum der Zellen unterstützen. Ein Wunsch, der auch dein tiefstes Innerstes bewegt, ist, in die Verjüngung zu gehen, nicht wahr? So zu sein, wie man es sich wünscht, wie funktioniert das? Sprich mit den Zellen, sage ihnen, dass du der Boss bist und sie die alten Aufträge stornieren sollen. Alter ist ein Bewusstseinskonstrukt, das Menschen über lange Zeit hinweg immer wieder nährten. Wenn dein Bewusstsein den Zellen vermittelt: „Wir sind immer jung, wir altern nicht", dann wird dies so sein. Der jetzige menschliche Körper ist für gut 900 Jahre konzipiert, so will es die göttliche Blaupause. Warum sollte es nicht möglich sein, den Lebensprozess zu verlängern, das Todeshormon auszuscheiden, um dann irgendwann selbst zu bestimmen, wann man gehen möchte? Denk ein bisschen über diese Information nach. Sollte es tatsächlich so sein, dass du, entgegen aller Behauptungen vom Gros der Wissenschaftler, mit der Kraft deiner Gedanken nicht nur deine Umwelt, dein Leben, sondern auch deinen Körper formen kannst? Ist das nicht eines näheren Nachdenkenswert? Lass diese Vorstellung wirken. Deine Zellen freuen sich schon auf neue Aufträge.

Was das mit dem Thema „Channeln" zu tun hat, willst du wissen? Viele geistige Begegnungen schärfen deine Wahrnehmung. Geistige Begegnungen helfen deinem Körper bei der Erledigung der neuen Aufträge. Wie das funktioniert? Die Lehrer, die Geistführer, die höheren Wesen, die sehr lichtvoll sind, bringen ihr Licht in deine Körper und in deine Zellen. Und wenn der Kontakt mit deinen geistigen Freunden beendet ist, geht das Licht nie ganz fort. Das ist eine sehr wichtige Information: Das Licht bleibt zu einem großen Teil, es geht nicht mehr weg. Das heißt, du kannst mit diesem Licht arbeiten. Es begleitet dich nun auf deinem weiteren Weg und hilft dir, mehr in die Ganzheit zu schreiten. Das ist der Hauptgrund, warum ich dir diesen Kontakt so empfehle. Der andere Grund ist die Qualität der gemeinsamen Arbeit. Es ist das Zusammenspiel der Weisheit der Wesen, die dich begleiten, der Ziele deines Höheren Selbst und der Wünsche und Ambitionen deines irdischen Ich, wodurch es dir möglich ist, dich fast perfekt neu auszurichten. Warum also solltest du diesen Kontakt, die Verbindung nicht zu deinem Wohle nutzen?

Channeln ist die Kontaktaufnahme zu höheren Ebenen und Welten. Wir sprachen schon über die geistige Familie, zu der kannst du nun Kontakt halten. Wir sprachen ebenso über die Meistergeistführer, mit denen kannst du auch in Verbindung treten. Und das Wichtigste von allem ist der bewusste Kontakt und die spätere Verschmelzung zu deinem Höheren Selbst. Deine Helfer unterstützen den Weg dorthin. Diese Aufgabe haben sie sich für die jetzige spannende Erdenzeit vorgenommen. Es geht beim Aufstieg der Erde und bei deinem Aufstieg um Bewusstwerdung und Bewusstseinserweiterung. Du hebst deine Vorstellungen, dein Bewusstsein, deine Erkenntnisse an und erkennst immer mehr, wer du wirklich bist. Die Verbindung zu dir auf anderen Eben ist sehr interessant. Hast du schon einmal dein Du in der fünften Dimension besucht? Stelle dir vor, es ist schon da, es muss nicht erst geformt, erschaffen werden. Dein Du existiert schon in der fünften Dimension. Dessen musst du dir nur bewusst werden. Mit ihm wird langsam, Schritt für Schritt eine Verbindung eingeleitet.

Viele Menschen denken, der Aufstieg bedeute, sich aufzulösen und schwuppdiwupp! weg zu sein. Das ist nicht korrekt. Die Körper werden sich vereinen, das göttliche Licht, von dem ich eben sprach, tritt mehr und mehr in dich ein und verwandelt dich. Insofern ist Channeln auch die Möglichkeit, die Ebenen in dir besser kennenzulernen und zu vereinen. Channeln ist ein Wunderwerkzeug und bietet dir die Chance, dich mehr deinem wahren Selbst zu nähern. Keine Angst, dein irdisches Ich soll nicht eliminiert werden, es wird lediglich integriert. Das ist alles. Davor haben viele Menschen Angst. „Was bin ich denn dann noch, wenn das alles, was ich mag, was mich ausmacht hier auf der Erde, verschwindet?" Da hast du falsch kombiniert, lieber Mensch. Beim Aufstieg vereinigt das Höhere Selbst alle deine Anteile in dir. Das irdische Ich wird quasi an die Hand genommen und in Liebe integriert, all deine Schattenanteile erfahren dies auch. Sanft, aber bestimmt werden sie in Liebe eingehüllt und verbinden sich mit deinen anderen Anteilen. Es ist auch ein Irrtum zu glauben, die Schattenanteile in dir müssten eliminiert werden. Alles, was du ablehnst, verstärkt sich. Hier arbeitet wieder die Resonanz. Integration ist das Ziel.

Spürst du übrigens die Dynamik in diesen Zeilen? Das ist auch gechannelt. Hohe Energien überträgt meine Partnerin in diese Zeilen. Du nimmst im Moment auch eine Portion davon auf und leitest sie in deine Zellen. Aber mach dir jetzt keine Mühe und keine Gedanken, wie das funktioniert. Es ist schon geschehen, denn mit deiner reinen Absicht, dieses Buch zu lesen und auf deiner Reise ins Licht weiterzukommen, hast du uns die Erlaubnis gegeben, Lichtbahnen in dein Energiefeld zu speisen. Interessant, nicht wahr?

Channeln kann auf vielfältige Weise geschehen. Es ist nicht nur das Empfangen von Worten oder intuitiven Eingebungen.

Es sind auch die Lichteinspeisungen, die dich anleiten, Bilder zu kreieren, zu singen oder auch in den Garten zu gehen, um dort Steine zu versetzen oder Blumen mit bestimmten Essenzen zu pflegen. „Channeln" bedeutet, sich der göttlichen Welt zu öffnen, die wir höheren Wesen und deine höheren Anteile repräsentieren, um göttlich zu handeln, um die göttlichen Inspirationen auszuführen.

Das ist Channeln. Wir empfehlen für unsere gemeinsame Arbeit auch das bewusste Channeln durch Empfangen von Botschaften.

Du wunderst dich vielleicht, dass ich das englische Wort *channeln* für den Kontakt zur geistigen Welt benutze. Es hat den Sinn, dass dieses Wort einen sehr umfangreichen Sachverhalt auf den Punkt bringt und dass du, lieber Leser, das Wort schon adaptiert hast. Menschen, die sich spirituell öffnen, begegnen diesem Wort sehr häufig. Damit möchte ich nicht dafür plädieren, alles, was aus anderen Sprachen und Kulturen kommt, kritiklos zu übernehmen. Dem eingedeutschten Wort *Channeln*, das übersetzt „Kanalisieren" bedeutet, gebe ich meinen Segen. Stelle dir dabei bildhaft vor, wie dein Kanal geöffnet wird und Liebesenergien in dich hineinfließen. Das geschieht nämlich beim Channeln mit den hohen geistigen Energien.

Verstehst du nun, wie wichtig Channeln ist? Nun wollen wir ein paar Schritte gemeinsam gehen, die es dir erleichtern, in Kontakt zu den geistigen Welten zu treten. Zuerst einmal möchten wir deine Empfangskanäle reinigen. Dafür schließe bitte die Augen und atme ein paarmal tief durch und entspanne dich. Dann gehe auf die geistige Wiese, die du schon kennst, und setze dich auf eine Bank, die in der Nähe ist. Nimm dir Zeit, dich ganz in die Situation hineinzuversetzen. Du sitzt auf der Bank und bemerkst, wie sich eine Wesenheit neben dich setzt. Zaghaft spürst du vielleicht meine kupferfarbene Energie und meine Gestalt, die Energie und die Gestalt von Kryon. Ich erlaube mir jetzt, deine Kanäle, die für den Empfang höherer Energien wichtig sind, zu klären. Ich stimuliere außerdem einige Drüsen. Schaue dir bitte an, was ich wo tue. Vielleicht fühlst du, wie ich arbeite. Dieser Vorgang kann etwas dauern. Und wenn du spürst, dass meine Arbeit beendet ist, brauchst du sicher eine kleine Pause. Vielleicht bist du auch erschöpft. Ruhe dich gern aus und nimm das Buch später wieder zur Hand.

Wenn du dich generell für die göttlichen Energien mehr öffnen möchtest, solltest du bei den Dingen, die du in deinem täglichen Leben tust, bewusster sein, dich willentlich bewusst bewegen und agieren. Tue alles langsamer, mit Bedacht und voller Hingabe. Bewusst etwas zu tun, und sei es nur das Gehen auf dem Rasen vor dem Hause oder das Einkaufen, heißt, sich ganz darauf einzulassen. Wenn du dich tief auf dein Tun einlässt, dann haben die hohen Energien, die Wesenheiten, die dich begleiten, die Möglichkeit, dich zu inspirieren. Sie werden dich mit ihren höheren Schwingungen begleiten, sodass du wie von Zauberhand gelenkt wirst, und deine Erfahrungen dein Leben noch mehr klären oder bereichern. Verstehst du, wie ich das meine? Sich der Bewusstheit zu öffnen heißt, sich dem Göttlichen zu öffnen. Denke darüber nach. Lege die Hast in deinem Alltag ab. Schenke dir Minuten der Stille. Sie werden dir die Wunder schenken, die du so gern in deinem Leben erfahren möchtest. Glaube mir. Ich bin zwar nie inkarniert, aber ich kenne dich und viele andere Wesen, die jetzt als Mensch agieren, und ich habe mich oft ausgetauscht. Ich kann dein Leben nicht mit deinen Augen sehen, dennoch kann ich nachvollziehen, was es bedeutet, Mensch zu sein. Ich und meine anderen Kollegen wissen, was dir in der jetzigen Zeit guttut, und möchten es dir so gern vermitteln.

Wenn du dich bewusst für eine direkte Kommunikation öffnest, wenn du gern mit uns sprechen möchtest, ist das in der heutigen Zeit kein Problem. Auch hier kommt die Neuausrichtung des Magnetgitters zum Wirken. Die Verbindung zu anderen Welten, zu uns und zu deinen anderen Anteilen wird durch deine reine Absicht möglich. Mehr ist nicht zu tun. Wirklich nicht. Vielleicht hast du noch alte Konditionierungen in dir gespeichert, die dich das nicht glauben lassen. Du kannst dir nicht vorstellen, dass es klappen könnte. Wäre es nicht wundervoll, wenn du all deine Sorgen und die nächsten Schritte mit deinen geistigen Helfern und deinem Höheren Selbst besprechen könntest?

Bist du bereit für einen nächsten Schritt? Gut, dann versetze dich wieder auf die Wiese und nimm auf der Bank Platz, die du vorhin schon besuchtest. Sei ganz präsent auf der

Bank, erkunde sie mit deinen Händen, damit du weißt, wie sie aussieht, betrachte deine Umgebung und genieße diese kleine Reise. Du nimmst nun wahr, wie sich dir eine Gestalt nähert. Dieses Wesen ist einer deiner Meistergeistführer. Er kann männlich oder weiblich erscheinen. Natürlich sind in uns, in den geistigen Wesen, diese Anteile vereint. Trotzdem können wir uns dir in der einen oder in der anderen Form zeigen, so wie es gut für dich ist. In der heutigen Zeit präsentieren sich viele Wesen in der weiblichen Form, weil es für die Erde und dich sehr wichtig ist. Nimm deinen Besucher intensiv wahr, betaste ihn, wenn du magst, er hat nichts dagegen. Lass dich begrüßen und gehe dann in die Stille, öffne bewusst dein Herz und konzentriere dich auf das Herz deines Gegenübers, sodass eine Verbindung zwischen euch entsteht, die wie ein goldenes Band ist. Spüre dieses Band und öffne dich für eine Botschaft. Dein Gast möchte dir sagen, wer er ist, wie sein Schwingungsname ist und wie er angesprochen werden möchte. Der Name kommt als Gedankenstrom zu dir oder als Gefühl. Das ist die Art, wie eine direkte Kommunikation funktioniert. Da können nun deine ersten Zweifel auftauchen. Vielleicht denkst du, dass das, was du empfangen hast, deine eigenen Gedanken seien. Frage nochmals nach, ob du richtig verstanden hast. Die Bestätigung kommt vielleicht mit einem Nicken deines Gegenübers. Diese Begegnung solltest voller Vertrauen und Hingabe erleben. Du bist jetzt hier beim Üben in einem geschützten Raum. Wir leiten dich und stabilisieren die Verbindung.

Stelle nun eine Frage an deinen Geistführer oder deine Geistführerin. Stelle diese Frage und dann lass los und konzentriere dich wieder auf sein/ihr Herz, und die Antwort wird fließen. Es kann auch sein, dass die Antwort schon da ist, bevor du die Frage ausgesprochen hast. Das ist ein interdimensionales Konzept. Ich lass dich nun ein bisschen experimentieren. Habe Vertrauen in die Botschaften, ich, Kryon, bin bei dir!

Der erste Schritt ist nun getan. Die Verbindung stabilisierst du durch vielfaches Üben. Gehe immer wieder und zu allen Tageszeiten in diese Verbindung. Auch in der Mittagspause ist das möglich. Bedenke, es ist nicht mehr die Zeit des Übens im stillen Kämmerlein. Die Energien des Planeten erhöhen sich, wie die deinen, ständig. Es ist überall möglich, Kontakt zur geistigen Welt zu haben. Wenn du stabil im Kommunizieren bist, kannst du deine Gespräche überall führen, wo du bist, ohne in Meditation zu sein. Du bist sozusagen in einer ständigen Meditation, immer göttlich angebunden. Beim Gemüseputzen, beim Fahrradfahren, auch beim Zahnarzt (sogar sehr zu empfehlen) ist die Verbindung möglich. Auf diese Weise brauchst du dir keine Sorgen mehr machen, denn deine Helfer sind immer da. Sie können dich dazu inspirieren, das Passende zu tun, oder dich bei deiner Klärungsarbeit unterstützen und motivieren. Ist das nicht ein wundervolles Werkzeug der Neuen Energie? Du musst es nur auch einsetzen. Viel Freude bei deinen Erfahrungen!

Eine Übung für dich

Ich möchte dich nun gern zu einer kleinen Fragerunde einladen. Überlege dir vor der Begegnung mit deinem Geistführer, welche Fragen du hast, welche Sorgen dich begleiten, welches Problem du lösen möchtest. Begib dich nun bitte auf die Wiese, nimm auf der Bank Platz, stimme dich auf deinen Geistführer ein. Konzentriere dich auf dein Herz, öffne es bewusst und lenke dein Bewusstsein auf das Herz deines Gastes. Dann stell gezielt die Fragen. Es macht Sinn, sie so zu stellen, dass du als Antwort nicht nur ein Ja oder ein Nein erhältst. Gut ist auch, die Frage bereits im Vorfeld genau zu formulieren und zwar kurz, knapp und präzise. Du brauchst keine langen Erklärungen abzugeben. Dein Helfer weiß schon, was du fragen willst. Auch das ist ein interdimensionales Konzept. Lausche dann den Antworten. Ratsam ist, dir ein Tagebuch anzulegen, in dem du alle Fragen und Antworten notierst. Du kannst sie dir nicht alle merken. Es macht auch Freude, all das später nachzulesen und festzustellen, wie du Fortschritte machst.

Weitere Übungen

Der nächste Schritt – den mache aber erst, wenn der erste gut und sicher funktioniert – ist, dass du dich hinsetzt, deine Augen sind offen, und du dich im Geiste auf die Wiese setzt und Kontakt aufnimmst. Das funktioniert bestimmt. Später ist dann das Ziel, überall Gespräche mit der geistigen Welt zu führen. Ich empfehle dir allerdings, immer die Herzensübung vorweg zu machen, sie zentriert dich. Bei sehr wichtigen Fragen, wie Jobwechsel, Umzug oder ähnlichen Dingen, empfiehlt es sich, in die Tiefe zu gehen und das Channeln mit geschlossenen Augen zu tun.

Du kannst nun den Kontakt beliebig erweitern, dein Kanal ist geöffnet. Erkunde zuerst einmal, wer dich sonst noch begleitet. Das wechselt manchmal, beziehungsweise es kommt für kurze Zeit ein Meister, um ein anstehendes Thema gemeinsam mit dir zu bearbeiten.

Außerdem empfehle ich dir, regelmäßig mit Erzengel Michael und mit Saint Germain und den beiden zu ihnen gehörenden Strahlen zu arbeiten. Bedarf an Klärung wirst du zwischendurch immer haben. Und lieber einmal zu viel als einmal zu wenig.

Barbaras persönliche Erfahrungen

Meine Erfahrungen sind offensichtlich, einmal durch dieses und die anderen Bücher von und mit Kryon, andererseits durch die Seminare und Einzelsitzungen. Mein Kontakt in der Form besteht seit 2000, als Kryon in mein Leben und ich mit dem Channeln auch nach außen trat.

Der Kanal ist immer stabiler geworden. Ich kann überall

und zu allen Zeiten Botschaften empfangen. Aber die geistige Welt überfällt mich selten, nur wenn's unbedingt sein muss.

Ich empfange die Botschaften als Gedankenströme, manchmal auch als Gefühl. Das letztere oft, wenn ich unterwegs oder in normalen Gesprächen und Begegnungen bin. Dann weiß ich plötzlich Antworten, wenn eine irdische Frage im Raum ist und ich eine Lösung vermitteln soll. Ich weiß dann mit einem Mal, dass sich eine Mutter keine Sorgen machen soll, weil ihr Sohn seit Stunden überfällig ist, ob ein Haus sich gut verkaufen lässt oder ob jemand seinen Zug noch erreicht. Ich weiß es einfach. Aber auch nicht immer. Wenn es nicht gewusst werden soll, dann klappt es nicht. Ich mache da auch keine krampfhaften Versuche, ich füge mich dem göttlichen Willen. Ich weiß aus eigener jahrelanger Erfahrung, dass unklare Situationen Lernerfahrungen sind, die wir selbst zumindest angehen müssen. Und dann darf sich der Rest oft fast wie von allein erledigen oder fügen.

Ich erfrage für mich sehr viel, obwohl meine Anbindung sehr gut ist und die Antworten auf Fragen meist sowieso schon klar daliegen. Das geht über die Intuition. Aber da ich ja gern Mensch bin, werde ich manchmal auch noch unsicher, vertraue meiner Intuitionen nicht und hole mir eine glaubhafte Versicherung. Wenn ich etwas ganz klar haben möchte, frage ich und schreibe auf dem Computer gleich die Antwort mit und drucke sie bei Bedarf aus. Ich habe schon einige Ordner voll ...

Meine Lieblingsbegleiter sind Maria Magdalena und Saint

Germain. Die sind schon Äonen bei mir, so vermittelten sie mir. Jetzt, in der Zeit der neu entdeckten Weiblichkeit, ermuntert Maria Magdalena mich zu tiefen weiblichen Reaktionen. Sie hilft mir, meine alten Konditionierungen abzubauen. Wir Frauen haben alle tiefe Wunden diesbezüglich. Maria Magdalena ist sehr leicht und klar, wenn ich sie fühle und sehe, und immer froh gelaunt mit weitem Herzen. Wenn sie kommt, wird sie manchmal von dem Meister Jesus begleitet. Ein wunderschönes Paar. Saint Germain ist meist sehr lustig und ermuntert mich, auch lustig zu sein, zu tanzen und zu spielen. Ich sei schon ernsthaft genug, Spaß könnte wie eine sanfte Welle meine Arbeit, mein Leben begleiten. Er hat ja so Recht!

14

Emotionen und Gedanken

Bist du bereit, für weitere Schritte? Du fragst mich nach all dem, was du hier gelesen hast, sicher: „Wie erschaffe ich mir die Welt, in der ich leben möchte, die mir gefällt? Wie leite ich es ein, in der Welt zu leben, die für mich angemessen ist? Wie bekomme ich die Dinge in mein Leben, die mir erstrebenswert erscheinen? Wann kommt endlich das Glück zu mir?"

Auch wenn es nicht so scheint, ist alles, was du erlebst, was du bist, wie du dich fühlst, von dir selbst erschaffen. Du bestimmst, was dein Leben ausmacht, wie du dich fühlst. Nur du – kein anderes Wesen, auch nicht deine Mutter oder dein Vater, nicht deine Geschwister und nicht dein Partner – hast die Schöpfungswerkzeuge für dein Leben in der Hand. Vielleicht haben sie als Mittel zum Zweck gedient. Sie stellten sich als Peiniger oder Unruhestifter zur Verfügung. Merkst du, worauf ich hinaus möchte? Ich möchte keinesfalls deine Dramen und Erlebnisse bewerten, ich möchte dich eher anleiten, all das Erlebte aus deinem Speicher zu entlassen. Dieser Speicher ist dein Emotionalkörper; er trägt und verwaltet alles, was du erlebt hast und steuert damit deine neuen Erfahrungen. In den vorherigen Kapiteln sprachen wir schon über die Möglichkeiten, die Werkzeuge der Neuen Energie einzusetzen. Hier noch einmal zusammengefasst die Schritte, wie du die alten Konditionierungen, die dich noch prägen, klären und dich neu konditionieren kannst:

- deine reine Absicht aussprechen, in die Neue Energie gehen (Manche Menschen tun das auf andere Weise, die auch geehrt ist, da ja nicht alle Bücher dieser Art lesen. Das kann durch ein innigliches Gebet sein oder die kraftvolle Forderung, das Karma lösen zu wollen. Die Wege sind individuell. Die reine Absicht ist wichtig.)
- dir bewusst werden, was dich prägt und nährt in deinem Leben
- dir bewusst werden, wo du stagnierst und welche Konditionierungen das bewirken
- mithilfe der inneren Reisen, Gespräche und mit Unterstützung der Helfer und des Höheren Selbst die alten Dinge lösen, freilassen oder/und integrieren
- dann oder schon währenddessen schauen: Was sind meine nächsten Ziele? Wo will ich hin, was möchte ich in mein Leben holen und wie schaffe ich dies?
- dich führen lassen vom Höheren Selbst, das dir intuitiv oder in Gesprächen vermittelt, wie die richtigen Schritte

einzuleiten sind Emotionen und Gedanken beobachten, sich ihrer bewusst werden, sie gezielt lenken und damit dein weiteres Leben prägen

- und dann: loslassen und mit Hingabe und Geduld die Wunder in dein Leben treten lassen

Diese kleine Checkliste soll dir vermitteln, wie du dein neues Leben angehen kannst. Erwarte Wunder, aber wisse, dass manche Schritte nicht leicht sein werden. Den ersten Schritt zu deiner Veränderung musst nämlich du selbst machen. Wir können dies nicht für dich tun, wir können dich in Liebe begleiten, dich zart lenken und ermuntern, auf dem Weg zu bleiben. Wir fädeln auch schrittweise die Verbindung zu deinem Höheren Selbst ein, dem Ziel deines Weges.

Was kannst du nun bewusst tun, um die Schritte zu unterstützen, nachdem du die reine Absicht erklärt hast, in die Neue Zeit zu gehen? Du wirst viel zu tun haben mit den ersten Wegabschnitten, nämlich deine Verhaltensweisen zu beobachten. Was hindert dich, das zu leben, was du wirklich leben möchtest? Weißt du, was du wirklich leben möchtest? Manche Menschen sind so sehr in tägliche Dramen verwickelt, dass sie ihren Seelenplan, das, was die Seele nach Löschung des Karma tun möchte, gar nicht kennen. „Warum bin ich hier und was ist meine Aufgabe?", werden sie vielleicht fragen. „Ich weiß es nicht. Ich habe so viel zu erledigen, dass ich nicht weiß, was ich tun möchte, wenn der Druck weg ist." Der erste Schritt ist, sich trotz aller Aufgaben Zeit für eigene, persönliche Dinge zu nehmen. Das ist ein Prozess, der von den Aufstiegshelfern unterstützt wird.

Sehr wichtig und grundsätzlich während all dieser Klärungen ist es, deine Gedanken zu beobachten. Was denkst du den lieben langen Tag? Und wie denkst du? Denkst du in Liebe oder denkst du eher negativ? Vielleicht öfter so: „Ich kann machen, was ich will, nichts klappt so richtig, ich bin bestimmt viel zu dusselig. Andere können dies viel besser als ich." So oder ähnlich könnten deine Gedanken sein. Vieles, wovon du denkst, dass du es bist, der es denkt, denken andere schon für dich. Sie lassen dich teilhaben an ihren Gedanken. Besonders gut kannst du das feststellen, wenn du in einen Raum kommst, wo alle fröhlich, frei und authentisch sind. Du wirst dich wohlfühlen und dich in diese Energie einstimmen. Wenn der Raum, in den du gehst, mit den Schwingungen von Ärger, Trauer oder gar Wut gefüllt ist, dann fühlst du dich nach kurzer Zeit ähnlich, wenn du nicht achtsam bist. Was kannst du tun? Lasse dich nicht infizieren, sondern bleibe bei dir. Beobachte deine Gedanken und stelle fest, was dich in dieser Situation nährt. Du bist es nicht, der mies drauf ist, es sind die anderen. Das zeigt wieder einmal ganz plastisch, dass wir alle miteinander verbunden sind. Mach dir dieses Wissen zunutze und überprüfe deine Gedanken und deine Emotionen in solchen Situationen.

Ein anderes Beispiel für die Verbindung zwischen Gedanken und Resonanz: Du möchtest vielleicht eine neue Wohnung anmieten, bist dem Vermieter sympathisch, hast aber

Angst, dass du die teure Miete nicht leicht aufbringen kannst. Du müsstest dich vielleicht ein bisschen einschränken. Aber die Wohnung gefällt dir so gut, dass du das auf dich nehmen möchtest. Doch der Gedanke an Mangel ist immer wieder da: „Wie soll ich das schaffen?" Dein Gegenüber, der Vermieter, spürt dies, bewusst oder unbewusst, das ist nicht so wichtig. Er wird resonanzbezogen reagieren. Es könnte darauf hinauslaufen, dass er dir die Wohnung nicht vermietet. Was wäre zu tun? Dich hinzusetzen und zu erkunden, warum und wo das Mangeldenken vorherrscht, um es dann zu löschen. Mangeldenken zeigt sich in allen Lebenslagen, nicht wahr? Und du wirst im Laufe der Zeit viele Schichten dieses Themas bearbeiten, sodass du manchmal ganz verzweifelt sagen könntest: „Ich habe doch schon so viel aufgelöst, und trotzdem ist da immer noch etwas von diesem Muster!" Ja, es ist wahrlich kein Honigschlecken für dich, all diese alten Dinge zu lösen. Aber du schaffst das, ich weiß es. Auch hier ist es, wie bei vielen Dingen im Leben: Die ersten Schritte sind mühsam, aber nach einigen Etappen wird es leichter, und oft genügt dann ein kleiner Schritt und die nächste Stufe ist erklommen. Die globale Veränderung des Massenbewusstseins und – ich möchte es so sagen – die globale Erleuchtung der Menschheit unterstützen das. Und dann ist da noch die Gnade des EINEN. Der Silberne Strahl der Gnade ist ein Geschenk der Quelle an dich. Dein Höheres Selbst wird, auf Geheiß des Schöpfers dieses Universums, viele deiner Schritte mit dem Strahl der Gnade umhüllen. Ist das nicht wundervoll?

Du wirst immer denken, das wirst du im täglichen Leben selten abstellen können. Aber du kannst dir durch eine Visualisierung einen geschützten Raum schaffen: Du stellst dir vor, in einem Lichtball zu stehen, der dich ganz umhüllt. Das ist eine schnell umsetzbare Übung, die dein Vorhaben unterstützt, dich nicht mehr von anderen „nähren" zu lassen. Bei der Gelegenheit kannst du auch die Strahlen einsetzen. Vielleicht hüllst du dich in goldenes Licht mit einer Prise Violett?

Im Laufe deines Bewusstwerdungsprozesses bemerkst du, dass deine Gedanken lichter und klarer werden. Wir helfen dir, wenn du dich wieder dabei ertappst, dass du denkst, wie du nicht denken möchtest. Lösche bewusst die ungewollten Gedanken, indem du einen Strahl Liebe hinterherschickst. Liebe neutralisiert. Das ist wichtig, weil alle Gedanken ein Energiefeld in anderen Ebenen erschaffen. Schenke dieser Überlegung für eine Weile deine Aufmerksamkeit, das macht dir bewusst, wie Gedanken wirken und was du schon alles kreiert hast. Es wird dir langsam dämmern, dass du dir so deine eigene Welt erschaffen hast. Die Wohnung wäre vielleicht deine, wenn dein Resonanzfeld etwas anderes ausstrahlen würde, nämlich das Wissen, dass ausreichend Geld für die Wohnung da sein wird, weil du es kreierst. Stelle es dir im Geiste gern schon vor, wie es ist, in deiner Traumwohnung zu sein, das gibt dem Wunsch die Zündungsenergie.

Schlechte Gedanken über Dinge, Menschen oder Geschehnisse nimm bewusst wahr und schaue dir an, warum du schlecht denkst. Es ist auch wichtig, neutral zu denken. Nehmen wir als Beispiel das Weltgeschehen in Wirtschaft, Politik und Umwelt. Es sieht im Moment und schon eine längere Zeit so aus, als würde es überall brodeln. Kriege brechen aus, Menschen werden vertrieben, müssen ihr Leben lassen. Dies alles stimmt dich nicht froh. Auch weil du in dir ähnliche Erlebnisse gespeichert hast. Das wiederum ruft unangenehme Gefühle und Ängste hervor und zieht schlechte Gedanken nach sich. Sieh die Ereignisse neutral, überdenke, was du tun kannst, um die Welt zu verbessern. Vielleicht bist du in einer Schlüsselposition in der Wirtschaft oder der Politik oder im Gemeinderat oder das Oberhaupt der Familie. Dort kannst du beginnen, Änderungen einzuleiten. Ansonsten sei dir bewusst, dass auch du als Einzelperson für die Entwicklung der Erde wichtig bist, und beginne bei dir, dich zu klären und ohne Dramen und eigenen Krieg zu sein. Das verändert das Massenbewusstsein. Es gibt keinen Grund, die brisante Erdsituation als Anlass zu nehmen, in Weltuntergangsstimmung zu verfallen. Bedenke außerdem, dass es Klärung ist, was auf der Erde geschieht. Das „Schlechte" kommt nach oben, um geklärt und entlassen zu werden. Die karmischen Imprinte der Erdregionen, der Länder und Städte werden gelöst und gelöscht. Das geschieht zurzeit auf der Erde.

Zur Klärung deines Seins gehört es, dass du deine Emotionen lenkst. Ich möchte dir damit nicht empfehlen, emotionslos zu sein und Gefühle zu unterdrücken. Das tun viele Menschen. Schaue dich in deiner Familie, bei deinen Freunden um: Wer steht zu seinen Gefühlen? Wenige Menschen tun das. Meistens ist es aber noch viel verzwickter: Die Gefühle werden nicht so ausgelebt, wie sie sind, sondern versteckt, mit anderen Absichten umhüllt, mit Zielen gespickt. Gefühle sind bei vielen Menschen der Macht unterstellt. Gefühle werden benutzt, um Menschen zu formen. In früheren Zeiten und leider auch noch heute, gibt es stets Möglichkeiten, Menschen, die Entscheidungsträger sind, zu verunsichern und zu manipulieren. Meist reduziert sich dies auf Macht, Geld und Sexualität. Alle diese Machtpotenziale sind mit Gefühlen, oft auch mit alten Gefühlen verbunden. Die wiederum haben mit früher Erlebtem zu tun, das gespeichert ist. Etwas Unerlöstes motiviert zu Verstrickungen in die drei erwähnten Verlockungen. Denke darüber nach und prüfe dich und deine Umwelt.

Viele dieser alten Prägungen resultieren aus Lebenszeiten, die wie in Atlantis endeten. Und, wie schon berichtet, sind jetzt viele Menschen inkarniert, die diese Themen bearbeiten möchten. Es geht in diesem Kapitel nicht darum, dich in die Wertung zu bringen. Betrachte diese Themen wertfrei. Damit ist auch verbunden, dass du sie emotionslos betrachtest. Betrachte und reagiere ganz klar, ohne Voreingenommenheit, aus der Perspektive, dass alles zum Spielplan gehörte, den Erde und Mensch für die irdischen Erfahrungen brauchten.

Du solltest gern Gefühle entwickeln und sie zeigen, aber es sollten echte sein, die tief aus deinem Herzen kommen. Gefühle zu zeigen und sie zu leben fällt vielen Menschen schwer. Dir auch? Da ist es sehr hilfreich, einfach damit anzufangen, sie zu leben. Sei Pionier, was du ohnehin schon bist. Nimm dir vor, deine Gefühle wahrzunehmen und zu leben. Die Kunst ist, wirklich authentisch zu sein, dann wirst du feststellen, dass alles ohne Scham geschieht, ohne dass du verletzt bist oder andere verletzt. Ehrliche Gefühle können gar nicht verletzen. Sie sind voller Klarheit und garantieren, dass die Herzen miteinander sprechen. Und wer aus dem Herzen spricht, kann nicht verletzen.

Eine Übung für dich

Ich möchte dir viele kleine Übungen ans Herz legen: Beobachte immer wieder im Laufe des Tages, was du denkst. Vielleicht hilft es dir, wenn du dir an den Plätzen, wo du dich viel aufhältst, kleine Zettel hinlegst, auf denen „Gedanken" steht. Das genügt, du wirst dich daran erinnern, deine Gedanken zu beobachten.

Gedanken sind frei, sagt ihr Menschen. Stimmt das wirklich? Und machen sie auch frei? Du bist in den Gedankenkonstrukten deiner und/oder in denen der anderen gefangen wie in einem Spinnennetz. Das wirst du nicht ganz abstellen können, aber du kannst es verändern. Schaffe dir deinen klaren Raum, werde dir mehr und mehr bewusst, wie Gedanken dein Sein prägen, den ganzen Tag lang. Ich möchte dies nicht näher beschreiben, es spricht für sich, du weißt, was ich meine. Deine reine Absicht hilft dir, klarer zu werden. Wenn es hilfreich ist, führe ein Tagebuch und schreib deine Erlebnisse und Erkenntnisse auf. Ändere Gedankengänge und schicke sie bewusst in den Äther. Wenn du dies wirklich bewusst tust, kannst du das Gleiche für die Erde machen. Schicke klare Gedanken hinaus, sie werden Veränderungen schaffen. Aber beginne bei dir, sieh dir an, welche Gedanken dein Leben beeinflussen, und verändere sie.

Deine Erfahrungen sind im Emotionalkörper gespeichert und mit Emotionen gekoppelt. Du kennst das sehr gut. Ein geplanter Besuch bereitet dir Magendrücken, weil er dir aus bestimmten Gründen unangenehm ist. Ein Anruf treibt dir Angstschweiß auf die Stirn. Ein geplantes Rendezvous verursacht ein Kribbeln im Bauch. Auch schöne, gespeicherte Emotionen können unangenehme Erfahrungen nach sich ziehen, wenn du voller Euphorie eine unklare Entscheidung getroffen hast, weil Emotionen dich steuerten.

Emotionen sollen gelebt werden, aber sie dürfen dich nicht steuern. Am verbreitetsten sind die unangenehmen Gefühle, die dein Leben formen. Du bist nicht in der Lage, gewisse, für dich gute Schritte zu tun, weil Angst dich hindert.

Hier bist du nun aufgerufen, zu agieren und mit dir selbst zu arbeiten. Das kannst nur du allein. Beleuchte all das, was wir hier besprachen, und arbeite an deinen Gedanken und Emotionen.

Barbaras persönliche Erfahrungen

Das Beispiel mit der Wohnung, das Kryon beschrieb, ist mir tatsächlich passiert. Ein Umzug stand an und ich verliebte mich in eine schöne große Wohnung, die genau dem entsprach, was ich mir wünschte. Aber mein Mangeldenken, nicht genug zu verdienen, verunsicherte mich. Das ging so weit, dass in den Nächten Situationen aus diesem Leben, die mit diesem Thema zu tun hatten, noch einmal hochkamen. Ich war mir einiger Dinge gar nicht mehr bewusst. Ich hatte an dem Thema „Mangeldenken" schon viel gearbeitet, aber es waren wohl die tieferen Schichten, die jetzt zum Vorschein kamen. Wie gut, dass ich mit Kryon alles besprechen kann. Er hat mir geholfen zu verstehen. Ich habe der Maklerin nicht vermittelt, dass ich die Miete selbstverständlich zahlen kann, deshalb war sie etwas zögerlich, da ich zudem als Selbstständige in den Augen der Vermieter eine unsichere Kandidatin bin. Die Entscheidung zog sich ein paar Tage hin und ich hatte ausreichend Zeit, das Thema ausführlich zu beleuchten. Als Ergebnis kam heraus, dass ich nicht genug Vertrauen in den Schöpfer in mir hatte. Mein Gottvertrauen war noch nicht stabil. Kryon hatte mir vorher schon angedeutet, dass ich in dieser Situation nochmals ganz in die Tiefe gehen müsste. Ich konnte zuerst meine Gedanken und Gefühle nur schwer glätten und neutral sein, aber dann wurde ich klarer. Das hat mir auch sehr bewusst gemacht, wie stark alte Konditionierungen, Gedanken und Emotionen mich doch noch beeinflussen. Das mit der Wohnung hat übrigens geklappt, das nächste Gespräch mit der Maklerin war ganz anders. Nun wohne ich in dieser Wohnung. Sie ist wunderbar.

15

Nahrung durch Essen, Atmung und Prana

Was nährt dich, geliebtes Menschenwesen? Woher beziehst du deine Lebensenergie? Stelle dir vor, du wärst in einem Vakuum, einem sterilen, luftleeren Raum. Wäre dort trotzdem genug Nahrung für dich da?

Wir wollen erst einmal beleuchten, wovon der Mensch sich ernährt. Zu Anbeginn des Experiments Erde, als Wesen von anderen Planeten die Erde besuchten und sich entschlossen, sie zu besiedeln, war Prana, die Urenergie, ihre Nahrung. Später veränderte sich ihr Körper als Resultat des Wandels, den der Planet erlebte. Wie schon erwähnt, konstruierten für weitere Besiedlungen hohe Wesenheiten den menschlichen Körper. Diese Blaupause wiederum veränderte sich im Laufe der vielen Zyklen der Erde oder auch Eingriffe von den wechselnden außerirdischen Brüdern und Schwestern, die hier lebten oder zu Gast waren. Die Art und Weise, wie der Mensch sich ernährte, wandelte sich, je mehr sich sein physischer und seine anderen Körper verdichteten.

Pflanzen wurden zu seiner Nahrung, da er andere Substanzen brauchte, die Prana nicht liefern konnte. Die Zufuhr der göttlichen Speisung war erschwert. Im Laufe der Zeit, auch durch den Glauben und die Veränderung des Schöpferbildes, kam es zu Kulthandlungen, Rituale und Opferzeremonien mit Tieren, die dann auch verzehrt wurden. Das war abhängig von den Zivilisationen und dem Auf und Ab der Entwicklungszyklen. Mal war der Mensch mehr angebunden an das Göttliche und damit an das Prana, mal war er das weniger und ernährte sich dann von Pflanzen, Früchten und deren Samen. Das Verdauungssystem des Menschen veränderte sich, die verschiedenen Kulturen prägten wiederum die Nahrungsauswahl und Esskultur.

Menschen, die sich auf die Göttlichkeit ausrichteten und altes Wissen lebten, reinigten ihre verschiedenen Körper, übten das tiefe Atmen und gezielte Atemtechniken. Sie wussten um die göttliche Urkraft, die Pranaernährung, Diese wurde von Eingeweihten in Tempeln, Pyramiden, Zirkeln gelehrt und angewandt. Die heute noch zelebrierten Riten der Reinigung stammen aus diesen Kreisen der Alten und Weisen.

Was nährt den Mensch heute und was wird es in der Zukunft sein? Zu allen Zeiten haben sich manche Menschen ausschließlich von Prana ernährt, von der Ursubstanz. Generell ist dies heute für jeden Menschen möglich, es ist sogar ein Ziel für die Zukunft. In anderen Dimensionen ist das Essen nicht üblich oder dient eher als Bestandteil des kulturellen Lebens. Man zelebriert das Essen als eine Möglichkeit, zusammenzukommen und die Gemeinsamkeit zu pflegen. Aber es ist kein Muss, um den Körper zu ernähren. Die hohen Energiewellen, die auf die Erde strömen und auch deinen Körper erreichen, das Channeln, das mehr Licht in deinen Körper transportiert, und die vielen Umarbeitungen durch die Aufstiegsspezialisten bringen deinen Körper wieder in eine lichtere Form. Diese lichtere Form bedingt auf Dauer eine andere Art der Ernährung. Wir wollen dies noch näher anschauen.

Du hast sicher in deiner Kindheit von deinen Eltern erzählt und auch vorgelebt bekommen, was und wann und wie viel du täglich zu dir nehmen sollst. Das variiert und hängt von ihren Erfahrungen ab. Die Menschen, die den letzten Weltkrieg erlebten, haben zur Nahrung noch eine ganz andere Einstellung, die eher von Mangeldenken geprägt ist. Es gab meist nicht viel zu essen, es wurde sogar gehungert. Diese Informationen sind auch im Massenbewusstsein enthalten. Die neue Ernährung ist leicht und transparent, und man nimmt nur noch kleine Portionen zu sich. Vielleicht auch nur noch zweimal am Tag, um die Nahrungsaufnahme immer weniger werden lassen. Oh, ich spüre Erstaunen und Abwehr bei einigen Lesern, bei anderen wiederum bejahendes Nicken. Mach dir bitte keine Sorgen, dass du ab morgen nichts mehr essen solltest. Die Ernährungsumstellung ist ein Prozess, der sich langsam vollzieht. Du wirst irgendwann von ganz allein, sehr natürlich deine Nahrungszufuhr verändern und den Umständen angleichen.

Meine Bitte an dich ist jetzt, dass du dich ganz auf deinen Körper konzentrierst. Wir machen eine kleine Reise in deinen physischen Körper. Entspanne dich, atme ein paarmal tief durch und lass dich von mir leiten. Ich nehme dich an die Hand und bringe dich jetzt in deinen Darm. Ich möchte dir vermitteln, wie sich dein Darm anfühlt und in welchem Zustand er sich befindet. Du bist vielleicht erstaunt und unsicher, ob so etwas funktioniert. Sei sicher, du kannst all deine inneren Welten erobern, egal ob sie in deinem dir vertrauten Körper oder außerhalb sind. Alle deine Organe und inneren Anteile können sich dir in einer Form zeigen, die dir anschaulich erscheint, allerdings nicht so wie auf einem Röntgen- oder Ultraschallbild. Hinweise auf deine Befindlichkeit können dir durch direkte Erfahrungen oder durch Symbole gegeben werden. Fühle nun, wie du in einer Art Tunnel bist. Vielleicht erinnerst du dich an einen Film, der zeigte, wie ein Mensch verkleinert wurde und dann in einem Minigefährt durch die Blutbahnen reiste, um eine Geschwulst zu zerstören. So fühlst du dich jetzt vielleicht. Du reist durch deinen Darm. Schaue dir seine Beschaffenheit an. Ist er rein, sauber, hell oder dunkel und voller Schlacken, die an den Wänden sitzen und Unwohlsein verursachen? Schaue dir alles genau an. Plötzlich erscheint ein Wesen, es ist das Bewusstsein deines Darms. Es möchte dir gern erzählen, wie es ihm geht, wie es sich fühlt. Vielleicht hat es ein paar Tipps für dich parat, wie du ihm helfen kannst, sich wohler zu fühlen. Lausche und stelle auch gern deine Fragen. Dies ist ein interessantes

Abenteuer, nicht wahr? Bleibe so lange in dieser Verbindung, wie du möchtest.

Diese kleine Reise soll dich nicht in Panik versetzen, sodass du sofort deinen gesamten Ernährungsplan umstellst oder beginnst, nichts mehr zu essen. Das wäre völlig überzogen reagiert. Ich möchte dich lediglich für deinen physischen Körper und deine Ernährungsweise sensibilisieren. Alles in deinem wunderbaren Gefährt „Körper" ist verbunden und funktioniert wie ein gut eingespieltes Team in einer Firma. Ja, in dir ist eine gute Belegschaft, die vom Chef erwartet, dass er gute Führungsqualitäten entwickelt. Du bist nicht getrennt von deinen Körpern, sie sind ein Teil von dir. Dein Körper dient dir viele Jahre dabei, dieses Abenteuer Erde zu erleben. Sich getrennt fühlen ist alte Energie. Integriere deinen Körper in dein tägliches Leben als einen geliebten Teil von dir. Pflege ihn und höre seine Bitte bezüglich deiner Ernährung.

Das Nähren deines Körpers ist von einigen Faktoren abhängig. Wir sprachen vorhin über die Aufnahme von fremden Energien. Stelle dir nun vor, dass diese fremden Energien auch Auswirkungen auf die Beschaffenheit deines Körpers haben. Wenn du ständig mit Menschen zusammen bist, die mies gelaunt sind, destruktive Gedanken pflegen, dann wirkt sich das auf deinen Körper aus.

Sich reinigen meint nicht nur, ein Bad oder eine Dusche nehmen, sondern auch spirituelle Hygiene. Reinigen mit der Violetten Flamme, mit Erzengel Michael, und das Arbeiten mit Farben und Tönen ist eine prima Unterstützung. Erinnerst du dich an die Farbdusche von Lemuria?

Beobachte deine Atmung. Atmung ist die Verbindung zur Göttlichkeit, zur Quelle. Durch das Atmen nimmst du die Urenergie auf. Die meisten Menschen atmen zu flach und sehr unbewusst. Ein paarmal am Tag eine tiefe Pranaatmung zu machen unterstützt den Körper dabei, sich wieder mit dieser herrlichen Kraft anzufüllen. Meditation und Gespräche mit uns und deinem Höheren Selbst entfernen Unreinheiten aus deinen Körpern und erhöhen den Pranagehalt in dir.

Die Pranaatmung ist im Yoga sehr bekannt. Vielleicht magst du darüber nachlesen. Ich gebe dir hier gern eine kurze Anleitung zur Pranaatmung. Bist du bereit, sie mit mir zu probieren? Gut, dann stelle dich entspannt hin. Sei ganz locker, aber stehe bewusst, nimm deinen Körper wahr. Verbinde dich mit der Erde und mit dem Himmel. Atme ein paarmal locker ein und aus. Dann atme gezielt Energie aus dem Erdinneren ein, indem du dich beim Atmen auf das Innere der Erde konzentrierst und dir vorstellst, wie du den Atem von unten in dich hineinziehst. Bündele den Atem einen Moment im Herzen und atme bewusst wieder aus. Das übe ein paarmal. Dann konzentriere dich auf den Himmel und dein Kronenchakra und ziehe ebenfalls bewusst den Atem aus dem oberen Bereich in dich hinein, halte ihn kurz im Herzen und atme sanft wieder aus. Kraft deines Willens nimmst du alles auf, was du brauchst. Wenn du das ein paarmal geübt hast, verbindest du deine Atmung. Du ziehst gleichzeitig bewusst den Atem von oben und von unten ein, sehr kraftvoll sollte das sein. Dann führst du beide Ströme zusammen in dein Herz. Hier hältst du die gesammelte Energie einen Moment und lässt den Atem dann bewusst in deinen ganzen Körper ausströmen. Dein ganzer Körper wird mit Prana gefüllt. Mit ein bisschen Übung klappt das nach kurzer Zeit sicher gut. Du wirst spüren, dass prickelnde hohe Energie in deinem Körper ist, vielleicht wird dir auch ein bisschen schwindelig. Setze dich dann gern ein paar Augenblicke hin. Ich möchte dich nicht ermuntern, diese Atmung den ganzen Tag zu machen. Aber morgens, mittags in der Pause oder in Situationen, wo du dich gestresst, ausgelaugt oder müde fühlst, wirkt Pranaatmung Wunder. Die Atmung kannst du bewusst auf deine anderen Körper ausweiten. Stelle sie dir einzeln vor deinem geistigen Auge vor und lass Prana durch sie strömen. Das ist ein weiteres göttliches Werkzeug für die neue Erdenzeit.

Was nun das Nähren durch Essen anbelangt, empfehle ich dir, deinen Körper gut zu beobachten. Achte darauf, wie du welches Nahrungsmittel verträgst. Immer mehr Menschen haben Allergien, die zum Teil mit der Umweltverschmutzung zu tun haben. Größtenteils lässt sich das aber auf die Umarbeitung der Körper zurückführen. Die Menschen verändern sich und dementsprechend ändert sich auch, was sie vertragen. Ich kann dir nicht sagen, was, wann und wie viel du essen sollst. Aber dein Körper und dein Höheres Selbst wissen es. Wenn du nun gezielt in dich hineinhorchst, wirst du spüren, zu welcher Nahrung deine Hände greifen sollen. Vielleicht empfindest du plötzlich eine Abneigung gegen dein Lieblingsessen oder ein Unwohlsein in der Verdauung, es rumpelt und pumpelt in deinem Darm. Er kann es nicht mehr so gut verarbeiten, will er dir vermitteln. Das Verrückte ist aber auch noch, dass das je nach Tag oder sogar Stunde variieren kann. Was dir heute gut bekommt, kann morgen schwer verdaulich sein. Du befindest dich im Wandel. Die hohen Wellen der Energie, die jetzt auf die Erde kommen, haben auch Einfluss auf deine Befindlichkeit und auf die deines Darmes und anderer Verdauungsorgane. Vergiss alle Regeln, die du gelernt hast, wie „man" essen sollte. Horche in dich hinein, und du wirst wissen, was dein Körper gerade braucht und was ihm gut bekommt. Wenn du einen Rummel besuchst und große Lust auf einen Hamburger oder ein Bratwürstchen bekommst, erfülle dir diesen inneren Wunsch ruhig.

Nun spürst du, wenn du dich ganz von deinem Körper leiten lässt, dass weniger essen oft mehr ist. Mein Rat wäre außerdem: Iss deine Mahlzeit langsam und bewusst. Viele Menschen haben das richtige Maß beim Essens verloren. Es wird kaum mit Bedacht gegessen. Manches Frühstück wird verschlungen, hastig mit Kaffee heruntergespült. Oft geschieht das im Stehen, weil man in Eile ist. Da wäre es besser, gar nichts zu essen und zu warten, bis Zeit dafür da ist. Wer bewusst isst, isst weniger. Auch deshalb, weil man dabei merkt, wann die Sättigung eintritt. Viele Menschen kennen diesen Zeitpunkt nicht mehr und essen weiter.

Ich will dies gar nicht vertiefen, du weißt, was ich damit vermitteln möchte. Du hast in dieser spannenden Ära der Erde beschlossen, eigenverantwortlich zu leben. Beginne mit dem wichtigsten: Prüfe, was dich nährt, und ändere gegebenenfalls deine Gewohnheiten. Das mag ein längerer Prozess sein, der auch von Darmproblemen begleitet sein kann. Vielleicht hilft dir ein Heilpraktiker dabei, deinen Körper von alten Schlacken zu klären. Manchmal reichen ein paar Spülungen und Einläufe und ein paar Tage Fasten, um eine Basis zu schaffen und dann sanft und zart mit dem Lauschen nach innen zu beginnen und wahrzunehmen, was das Beste für dich ist. Du wirst immer sensibler, deine eigenen Schwingungen immer feiner, da passen die alten Essgewohnheiten meist nicht mehr.

Nicht alle sensiblen Menschen vertragen die viel gelobte Rohkost, vielleicht verträgst du leicht gedünstetes Gemüse viel besser. Ganz kess ausgedrückt, möchte ich dir empfehlen: Leg alle Ernährungsratschläge beiseite und finde deinen Essensguru in dir. Dein Höheres Selbst freut sich schon darauf, dir behilflich zu sein.

Es wird der Zeitpunkt kommen, wo du spürst, dass du mal eine Mahlzeit weglassen möchtest. Dies wird dann sein, wenn du deine alten Konditionierungen bezüglich des Nährens geklärt hast. Du hast nun keine Angst mehr zu verhungern. Übrigens wirst du dann auch spüren, dass mehr und mehr Prana deinen Körper nährt. Du wirst weniger Nahrungsmittel brauchen und sie auch nicht vermissen, weil du immer mehr durch Prana genährt wirst. Siehst du, das ist auch ein Werkzeug der Neuen Energie: das bewusste Nähren durch Prana.

Ich möchte allerdings in diesem Zusammenhang erwähnen, dass dies alles ein Prozess für Menschen ist, die erwachen wollen und den spirituellen Weg eingeschlagen haben, und nicht für junge Mädchen oder Frauen gedacht ist, die schlank und rank sein wollen. Das ist ein dualistisches Konzept, nicht wahr? Aber wäre es nicht wundervoll, wenn durch die Pioniere der Neuen Zeit auch ein Umdenken bei der Ernährung einträte? Das ist auf längere Sicht ein gutes Konzept, um den Hunger der Welt zu stoppen. Wahrlich ein göttlicher Gedanke!

Ich möchte nochmals erwähnen: Sich von Prana ernähren zu wollen ist ein längerer Weg. Es ist nicht so gedacht, dass du dich von heute auf morgen von Prana ernähren sollst. Es ist ein Prozess, den du durch bewusstes Essen, durch Verbindung zur geistigen Welt und durch das Klären deiner alten Konditionierungen einleitest. Beobachte, wie oft du zu etwas Essbarem greifst, weil du traurig bist oder dir selbst etwas Gutes tun möchtest. Das ist häufiger der Fall, als du es bewusst wahrnimmst. Beobachte dein Essverhalten. Damit wirst du vieles klären können, nicht nur das Thema „Essen". Öfter unbewusst etwas zu essen, kann wirklich Ersatz für etwas sein, was du vermisst. Damit möchte ich dir nicht vermitteln, dass du nicht das Essen ehren und zelebrieren sollst. Im Gegenteil, dein Essen solltest du voller Achtung für Pflanze und Erde genießen. Zelebriere den Genuss als einen Höhepunkt deines Tages, indem du dir Zeit nimmst, bewusst zu genießen. Du könntest die Hand über deinen Teller halten und bewusst den göttlichen Teil in dir in reiner Absicht bitten, das Essen deinen Schwingungen anzugleichen. Dann wird es geschehen. Das ist eine hervorragende Möglichkeit, Lebensmittel, die nicht biologisch angeboten wurden oder künstliche Stoffe enthalten, in ihren Schwingungen zu erhöhen. Die Leser, die gern mit einem Tensor arbeiten, können einmal vorher und nachher messen. Lebensmittel, die nicht sehr hochwertig sind, können auf diese Weise durch das eigene göttliche Licht verträglicher gemacht werden. Eine Schwingungsangleichung ist sehr sinnvoll, wenn wir davon ausgehen, dass nicht alle Menschen die Möglichkeit oder das Geld haben, sich im Bioladen mit Lebensmitteln einzudecken.

In dieser Sichtweise des Nährens bekommt das Thema „Abnehmen" auch noch eine andere Qualität. Ich darf dir versichern, dass keine Diät, die der Gewichtsabnahme dient, auf Dauer Erfolg haben wird. Das Bewusstsein des Menschen bezüglich Ernährung muss verändert werden, dann normalisiert sich das Körpergewicht. Das Idealbild, das in vielen Ländern vorherrscht, setzt viele Menschen unter Druck. Wer sich aber mit sich selbst, mit dem eigenen Typ, mit dem Lebensplan auseinandersetzt, wird das richtige Gewicht finden und durch Klärung der Muster auf Dauer ein Wohlfühlgewicht erreichen. Löst euch von den Bildern der Gazetten. Kein Mensch ist wie der andere. Jeder ist individuell auf dem eigenen Weg unterwegs. Es ist unmöglich, ein Standardmaß für Körper festzulegen. In die Verantwortlichkeit zu gehen und seinen eigenen Weg zu finden hilft, sich auch von den modischen Vorgaben zu lösen.

Ich möchte Prana noch anders beleuchten: Prana ist Urenergie. Urenergie ist Alles-was-ist. Und Alles-was-ist ist allumfassende Liebe. Wenn du dich von Licht, von Prana nährst, hält die allumfassende Liebe, hält Gott in dir Einzug.

Eine Übung für dich

Beginne gleich heute damit, zu beobachten, wie du dich ernährst. Vielleicht beginnst du, indem du dir deine Essgewohnheiten genau anschaust. Wann isst du was? Sind es feste Zeiten, zu denen du isst, oder ist es immer mal zu einer passenden Gelegenheit? Isst du bewusst oder eher nebenbei? Nimmst du dir Zeit dafür und schaffst dir einen schönen Platz? Wenn du in der Kantine isst, geschieht es in liebevoller Umgebung und mit Genuss oder sprichst du mit Arbeitskollegen über die Arbeit?

Du kennst sicher den Begriff „Arbeitsessen". Es ist so eine neuzeitliche Errungenschaft, die Arbeit und Essen verbindet, damit Zeit gespart wird. Wie sollen Magen und Darm das Essen gut verdauen, wenn über Probleme gesprochen wird? Wenn du dich nun beobachtest, wirst du bestimmt feststellen, dass du bezüglich Essen und Nähren noch einiges verändern kannst.

Weitere Übungen

Wenn Menschen allein in ihrem Haushalt leben, vernachlässigen sie gern die Nahrung. „Ich habe keine Lust, für mich allein zu kochen. Ich esse lieber schnell etwas im Imbiss oder nasche zwischendurch." Das bedeutet, dass sie sich selbst und ihre Bedürfnisse nicht so wichtig nehmen. Wie schade!

Probiere die Pranaübung für ein paar Wochen regelmäßig, vielleicht dreimal am Tag. Du wirst eine Steigerung deines Wohlbefindens feststellen. Das Herz öffnet sich mehr und mehr und lässt dich fühlen, dass du göttlich angebunden bist. Genieße diese kurzen Erleuchtungserfahrungen.

Barbaras persönliche Erfahrungen

Mit der Ernährungsumstellung habe ich noch so meine Problemchen. Ich bewundere andere Menschen, die sehr bewusst sind in der Nahrungsaufnahme. Ich bin da noch nicht so klar. Zu Hause gelingt es mir ganz gut, nur das zu essen, was ich wirklich möchte, und dafür nehme ich mir auch Zeit. Aber auf den Reisen ist es viel schwieriger. Außerdem bemerke ich immer noch, dass meine Augen größer sind als mein Magen. Oft schaffe ich die Portion gar nicht. Nach einem Channeling gehen die Helfer und ich oft noch essen. Aber eigentlich bräuchte ich nach einem Channeling gar nichts mehr essen. Ich bin von Prana und den Kryonenergien herrlich aufgefüllt. Nur großen Durst habe ich. Ein Spaziergang in der Natur ist viel besser und rundet den Tag ab. Ja, es ist wirklich ein Prozess der Bewusstwerdung.

Ich hatte die Gelegenheit, Jasmuheen, die mit ihren Büchern über Lichtnahrung bekannt wurde, persönlich kennenzulernen. Sie ist eine interessante Frau, eine starke Persönlichkeit, die mich sehr fasziniert. Ihre klare Art, Dinge zu sehen, sie anderen zu vermitteln und ihre Erfahrungen mit Pranaernährung beeindrucken mich sehr. Auch ihre vielen verschieden Sichtweisen über die Auswirkungen von Lichtnahrung, die sie präsentiert, sind äußerst interessant. Als Pionier auf dem Gebiet Ernährung hat sie Meilensteine gesetzt und ist dabei sicherlich auch manchmal auf Unverständnis gestoßen. Wie schön, dass sie unbeirrt weiter ihren Weg geht!

16

Die eigenen inneren Welten

Die meisten Menschen beschäftigen sich sehr mit den äußeren Welten, mit dem, was im Außen passiert, was ihnen widerfährt und was sie mit anderen Menschen erleben. Die Beurteilung geht über den Verstand, auf der Basis der gespeicherten Kriterien, die vom Emotionalkörper stammen. Da ich dich immer gern in meine Beschreibungen mit einbeziehen möchte, bitte ich dich nun, deine Augen zu schließen und dich an den gestrigen Tag zu erinnern. Wie waren deine Begegnungen, welche Gefühle hattest du dabei? Wovon waren diese Treffen bestimmt? Gehe nur von dir aus: In welchem inneren Zustand warst du, wie fühltest du dich dabei? Unwohl, gelassen, freudig? Lass dir einen Moment Zeit, um dies zu prüfen. Schließe deine Augen, lass den gestrigen Tag vor deinem inneren Auge Revue passieren und untersuche ihn. Analysiere jedes Geschehen nach Ausgangslage und Fortgang und nach deinen eigenen Voraussetzungen, wie du zum Beispiel deinem

Chef oder einer Kollegin begegnetest. Waren da Gefühle von Ärger? Wenn ja, warum?

Du hast sicher bemerkt, dass wir in die Tiefe gehen, um deine Verhaltensmuster eingehender zu beleuchten. So kannst du dir am Abend anschauen, wo du tagsüber fremdgesteuert oder aus alten Konditionierungen heraus gehandelt hast. Dies bringt dich deinem Ziel, in die Klarheit zu gehen und aus ihr heraus zu agieren, Stück für Stück näher.

Ein weiteres Werkzeug der Neuen Energie, wenngleich Wissenden schon zu anderen Zeiten wohl bekannt, ist das Erforschen und Erfahren der inneren Welten. Alles, was im Außen zu finden ist, ist auch in deinem Inneren. Wie im Makrokosmos, so im Mikrokosmos, wie Hermes Trismegistos sagt. Wenn du äußere Sorgen klären möchtest, ist ein inneres Beschauen sehr sinnvoll.

Für die Erforschung der inneren Welten gibt es eine praktische und anschauliche Methode, die ich dir gern vermitteln möchte. Ich werde dich nun anleiten, dir eine innere Bühne zu bauen, damit du in deinen inneren Welten leichter aktiv werden kannst. Schließe deine Augen und stelle dir vor deinem inneren Auge eine Bühne vor, wie in einem Theater. Du sitzt in der ersten Reihe deines eigenen kleinen Theaters, als Zuschauer oder als Schauspieler. Du könntest deinem Theater auch einen Namen geben. Wie wäre es mit „Mein persönliches Drama- und Lustspieltheater". Klingt gut, nicht wahr?

Nimm gern Platz in deinem persönlichen Theater und besuche es immer dann, wenn du einige Sorgen oder Themen anschauen möchtest. Es muss nicht unbedingt etwas Dramatisches sein. Du kannst dir auch alle inneren Qualitäten anschauen und mit ihnen arbeiten. Hast du Lust, auf eine Übung? Schließe dann deine Augen, mach es dir bequem auf deinem Theatersessel und konzentriere dich auf die Bühne. Dann bitte in reiner Absicht deine innere Tänzerin oder deinen inneren Tänzer auf die Bühne. Beobachte, was passiert. Vielleicht schwebt auf leichten Füßen eine Ballerina herein oder ein rassiger Flamencotänzer oder du siehst eine junge Tänzerin, die wie ein kleines hässliches Entlein zaghaft auf die Bühne tritt. Ich brauche dies nicht weiter zu erläutern. Schaue dir deine innere Tanzqualität genau an, ziehe deine Schlüsse daraus und nimm näheren Kontakt zu deiner inneren Tänzerin/deinem inneren Tänzer auf, sprich mit ihr/ihm. Du wirst interessante Einblicke erhalten.

Diese Bühne ist ein Podium zur Klärung all deiner äußeren Lebensbereiche. Denn die äußeren Bereiche spiegeln die inneren. Sprich mit deinen Ängsten, das ist eine interessante Erfahrung. Hast du schon einmal deine innere Mutter oder deinen inneren Vater besucht? Auch das sind tief greifende Erlebnisse. Verstehst du nun, warum ich dir rate, mit dir zu arbeiten. Nur du kannst an und mit dir selbst Klärungsarbeit leisten. Wenn in deinem Umfeld jemand ist, der dich gut durch diese Ebenen leiten kann, nimm gern die Hilfe in Anspruch. Ein guter Energiearbeiter wird dich lediglich anleiten, wird dich auf deinem Weg nach innen begleiten, um dann zart und mitfühlend diese Erfahrungen mit dir zu teilen.

Es geht hier nicht um Neugierde oder Wertung, sondern um tief greifende Klärungsarbeit. Auch hier ist es wichtig zu wissen, dass keine tiefen Analysen gemacht werden müssen. Wenn du innere Erfahrungen gemacht hast, bitte dein Höheres Selbst um Klärung. Das kannst du auch mit Erzengel Michael tun. Dieses Erforschen dient lediglich der Bewusstwerdung, dann kannst du die alte Erfahrung entlassen. Habe keine Angst, wenn in deinem Inneren heftige Szenen stattfinden. Es kann dir nichts passieren. Lass alles geschehen. Taucht ein blutrünstiges Monster auf, ist es auch ein Teil von dir, das du vielleicht durch intensive Gedankenmuster erschaffen hast. Innere Zerrissenheit wird vielleicht durch einen Dämonenkampf symbolisiert. Im Zweifelsfall kannst du mit deiner Liebe alles auflösen. Und wenn du einmal gar nicht weiterweißt oder sehr aufgewühlt bist, weil du in deinem Inneren so etwas nicht vermutet hast, bitte Erzengel Michal oder dein Höheres Selbst auf die Bühne und bitte sie um Aufklärung. Lausche den Botschaften, die dir geschenkt werden. Jede Situation ist lösbar. Die hier beschriebene innere Arbeit ist direkter, als es in Psychotherapien üblich ist. Damit möchte ich die geehrte professionelle Arbeit der Psychologen nicht infrage stellen. Aber durch die hohen Energien, die auf die Erde kommen, können alte und an Quantensprüngen interessierte Seelen diesen geistig unterstützten Weg direkter und leichter gehen. Ich erlaube mir noch die Bemerkung, dass es unter anderem auch deswegen effektiver geschieht, weil wir, die interdimensionalen Wesen, zur

Verfügung stehen. Wir sehen euch ganzheitlich und erkennen, wo wir auf eure Bitte hin helfend eingreifen dürfen, und tun dies auch sofort. Es geschieht augenblicklich, auch das ist ein interdimensionales Konzept, auf das irdische Fachleute noch nicht komplett zugreifen können.

Wie am Beispiel der inneren Tänzer demonstriert, können auch andere Qualitäten nach oben geholt werden. Schaue dir deinen inneren Maler an, deinen inneren Dichter. Du trägst viele Qualitäten in dir. Sie kamen vielleicht in diesem Leben nicht zum Einsatz, weil sie nicht zu dem Repertoire gehören, das du dir für dieses Leben ausgesucht hast. Da du nun in die Klarheit gehst und deine Themen größtenteils abgearbeitet hast, ist Kraft und Platz für neue Erfahrungen da. Die hohen Künste sind eine gute Möglichkeit, deine Kreativität wachsen zu lassen. Auf deiner eigenen inneren Bühne kannst du kreativ sein, indem du neue Situationen erschaffst. Dinge, die du gern noch tun möchtest. Die kannst du dir dort ausmalen, vorstellen, sogar imaginieren. „Imaginieren" ist eine Erweiterung der Visualisierung. Du gibst all deine Kraft, deine Herzensenergie in deinen Schaffensprozess hinein. Weißt du, es ist wie das Gefühl, das dich erfasst, wenn etwas in dir brennt, wenn du einen tiefen Wunsch hast, den du unbedingt umsetzen möchtest. Vielleicht ist es eine Bergtour in den Anden oder eine Reise zur chinesischen Mauer. Vielleicht ist ein eigener Garten der Traum schlechthin, den du verwirklichen möchtest. Innere Reisen schaffen eine seelische Balance, sie stimulieren die Ausschüttung von Hormonen, die wiederum körperliche Reaktionen nach sich ziehen, die dich antreiben, dein Ziel zu erreichen. Und diese innere Kraft des Imaginierens ist der Boden, ist die Basis für das Umsetzen in die Materie. Benutze diese Bühne für deine brennenden Wünsche und beleuchte, warum du sie nicht umsetzen kannst. Was hindert dich daran? „Meine äußeren Umstände erlauben es nicht!", magst du entgegnen. Es gibt wirklich äußere Gründe, aber begrenze dich nicht. Sage dir: „Alles ist möglich." Damit gibst du dem Universum die Möglichkeit, Wunder zu erschaffen. Genauer gesagt, kreierst du eigentlich dieses Wunder selbst, weil du dein Bewusstsein verändert hast und davon ausgehst, dass Wunder geschehen können. Habe ich dir heute schon gesagt, dass du ein herrliches, großes Schöpferwesen und geehrt und geliebt bist für deinen Dienst hier auf der Erde?

Ein weiterer Anreiz, sich mit den inneren Welten zu beschäftigen, ist das innere äußere Reisen. Das klingt paradox nicht wahr? Wir wollen dieses Thema im nächsten Buch ausführlich untersuchen. Nur das Grundsätzliche möchte ich nun ansprechen, weil es zum Thema „innere Welten" gehört. Das Reisen außerhalb deines Körpers ist eine sehr spannende Angelegenheit. Immer haben Menschen dies getan, um andere Welten zu erforschen, um mehr darüber zu erfahren, wie das Universum aufgebaut ist und wie es funktioniert. Manche Menschen verlassen ihren Körper unwissentlich und finden sich urplötzlich über ihm schwebend wieder und sind erstaunt und auch verängstigt. Diese Erfahrungen treten oft bei Krankheit, bei einem Unfall oder in besonderen Lebenssituationen auf, die eine Bewusstwerdung, eine neue Lebensphase einleiten. Kinder erleben dies ganz natürlich, ohne sich darüber zu wundern. Wenn sie noch sehr jung sind, empfinden sie es als normal, sie erinnern sich, wer sie sind, wo sie herkommen und warum sie hier sind. Das Wissen geht später verloren, da die kindliche Naivität und der Gottglaube unter dem Einfluss des irdischen Lebens abnehmen. Sich von dem Körper zu lösen, um außerkörperliche Erfahrungen zu machen, ergibt sich aber beim Erwachsenen überwiegend erst dann, wenn er die Reife dafür hat. Auch das möchte ich hier nicht näher beschreiben.

Die andere Möglichkeit, dies alles zu erfahren, wäre, den Körper nicht zu verlassen und stattdessen den inneren Weg zu wählen. Denk nochmals über die Lehren des Hermes Trismegistos nach. Du weißt schon: „Wie oben, so unten." Alles, was im Außen ist, ist auch in dir. Wenn du, ohne deinen Körper zu verlassen, das Universum bereisen möchtest, geht das auch mit dem Seelenkörper. Mit ihm kannst du in reiner Absicht alle Welten erforschen. Das war vor der Harmonischen Konvergenz nicht so leicht möglich. Durch die Umarbeitung deiner Körper, die Öffnung bestimmter Kanäle und die Bearbeitung und Aktivierung einiger Drüsen ist das nun möglich. Es ist sogar gewünscht. Deine Helfer und dein Höheres Selbst werden dich lenken und führen bei deinen Versuchen. Der Besuch im Inneren der Erde im ersten Teil dieses Buches war so eine Reise. Doch dazu mehr bei unserem nächsten Treffen.

Ich wäre kein fürsorglicher Lehrer, würde ich dich nicht darauf hinweisen, dass du bei all deinen spannenden inneren Reisen auch bewusst auf der Erde sein solltest. Erwachte Menschen neigen manchmal dazu, sich vom irdischen Leben abzuwenden, weil sie denken, es sei nicht mehr notwendig. Ich möchte betonen, dass du inkarniert bist, um hier zu leben. Die Erweiterung deines Bewusstseins, dein Aufstieg ist auch damit verbunden, den Weg hier auf der Erde zu meistern, deine Aufgaben zu erfüllen. Es wäre ein Missverständnis, sich von alledem abzuwenden und nur in den geistigen Welten zu agieren. Oft geschieht dies in der Absicht, irdischen Problemen aus dem Weg gehen zu wollen. Das geistige Leben scheint viel spannender und nicht so bedrückend zu sein. Außerdem wird dabei die Schönheit der Erde vergessen. Du bist hierhergekommen, um auch die Natur zu ehren und ihr dienlich zu sein. Du steigst nicht allein auf, sondern mit der Erde.

Eine Übung für dich

Viele Menschen haben Prägungen aus der Kindheit, die mit der Mutter oder beiden Eltern zu tun haben, es fehlte vielleicht die Geborgenheit. Ältere haben im Krieg den Vater verloren, die Mutter hatte allein die Aufgabe, das Kind zu versorgen. Global könnte man es auch so erklären, dass viele alte Seelen inkarniert sind, die diese Themen lösen möchten.

Täter- und Opferrollen müssen geklärt werden. Da vielfach die Weiblichkeit der Menschen geheilt werden möchte, kommen viele alte Seelen auf die Erde, um die Opferrolle zu klären. Deshalb sind Themen wie „mangelndes Vertrauen in Mutter und Vater" auch mit mangelndem Selbstbewusstsein und fehlendem Gottvertrauen gleichzusetzen. Denke bitte darüber nach, welch tiefe Kraft hinter dieser Erkenntnis steckt. Alles ergibt sich letztlich aus dem mangelnden Vertrauen zu dem Gott in dir. Du bist ein Teil von Gott, der auszog, Erfahrungen zu machen. Diese tief greifenden Themen müssen aufgelöst und integriert werden. Dafür ist es sehr hilfreich, deine innere Mutter zu besuchen. Es ist nicht von Belang, wie du zu deiner äußeren Mutter stehst. Hier ist eine Übung für die Begegnung mit deiner inneren Mutter: Schließe deine Augen und nimm Platz in der ersten Reihe in deinem Theater. Bitte nun deine innere Mutter auf die Bühne. Vielleicht verlässt du spontan deinen Platz und gehst mit auf die Bühne, um deine Mutter zu begrüßen. Vielleicht bist du, aufgrund deiner Erfahrungen, noch ein bisschen skeptisch und schaust dir das Ganze erst einmal aus der Entfernung an. Jetzt lass ich dich allein agieren.

Erfahrungen und Besuche dieser Art sind mit deinem inneren Kind ebenso möglich. Begegne ihm als Baby, im Alter von fünf Jahren oder als Schulkind, um all deine Konditionieren zu erkennen. Deinen inneren Vater kannst du als Trostspender und Beschützer oder als Herrscher und Despot, passend zu deinen Autoritätsbildern, erfahren. Es ist hilfreich, dir diese Besuche und Erkenntnisse zu notieren, um vielleicht später, bei der Bearbeitung ähnlicher Themen, nachblättern zu können. Mache aber bitte keine Doktorarbeit daraus. Das Aufschreiben dient hauptsächlich dem Loslassen. Es ist eine Hilfe für den Verstand. Wahrscheinlich wirst du später deine Unterlagen keines Blickes mehr würdigen. Es ist erledigt, du hast es losgelassen. Deine geistigen Helfer und dein Höheres Selbst sorgen dafür. Lebe in der Gegenwart, im Hier und Jetzt, lasse los und schreite voran!

Barbaras persönliche Erfahrungen

Meine inneren Erfahrungen begleiten mich schon seit Jahren und haben mir vieles anschaulich und verständlich gemacht. Ich habe herausgefunden, warum ich als Kind sehr scheu war, warum ich zu meinem Vater eine fast sehnsuchtsvolle Verbindung hatte und vieles mehr. Mein inneres Kind habe ich in vielen Phasen besucht, beobachtet und in die Heilung führen dürfen. Maria hat mir dabei sehr geholfen. Als Baby habe ich es an der Brust genährt, so lange, bis es zufrieden lächelte. Und für das Schulkind habe ich bei der Einschulung die Tüte getragen und es dann täglich begleitet, bis es allein gehen konnte. Ich mache selten eine Buchempfehlung, weil ich sicher bin, und das aus eigener Erfahrung, dass die passenden Bücher einem zufallen, sie finden uns. Das kann geschehen, indem man in einem Buchladen magisch zu einem Buch hingezogen wird oder es als Geschenk bekommt. Einige besondere Bücher haben mir meine innere Arbeit sehr erleichtert, eines ganz besonders. Der Hamburger Klaus Lange hat sich auf einfache und doch sehr intensive Art mit der eigenen inneren Welt beschäftigt und beschreibt dies sehr praktisch in seinen Büchern.

17

Die anderen Dus

D u bist nie allein. Bist du dir dessen nun bewusst? Ja, wunderbar, dann können wir den nächsten Schritt tun. Wer oder was, glaubst du, bist du? Wer bist du, abgesehen davon, dass du eigentlich multidimensional und interdimensional bist? Das eine meint deine Größe in vielen Dimensionen, das andere deine Vielfältigkeit. Woraus besteht nun ein so großes Wesen, wie du es bist? Wir haben das schon andeutungsweise immer mal wieder, auch in den ersten Büchern, angesprochen.

Deine Möglichkeiten zu agieren sind äußerst vielfältig. Nur bis zur Harmonischen Konvergenz warst du dem irdischen Spielplan ganz unterworfen. Seitdem hast du ab und zu interdimensionale Luft geschnuppert. Zuvor warst du damit beschäftigt, das irdische Leben zu erforschen. Du tauchtest ganz darin ein und hattest wenig Gelegenheit, die Dramen aus einer anderen Perspektive zu betrachten. Während du dies tatest, waren die anderen Aspekte deines Seins ebenso damit beschäftigt. Denn: Du bist Teil einer ganzen Seeleneinheit, du bist ein Seelenaspekt. Einige von euch Erwachten sind schon wieder ein bisschen kompletter, einige wenige sogar schon vollzählig, das heißt, alle anderen Anteile ihres Seins haben sich vereinigt.

Wie das geschieht? Das will ich dir gern erklären, doch zuvor möchte ich eine kleine Geschichte erzählen:

Es war einmal ein reizender Engel, ein Engel, der voller Liebe und Vertrauen die vielen, vielen Welten und Galaxien der Universen bereiste und Erfahrungen sammelte. Manchmal sandte er ein paar Teile seines Selbst auf einen Planeten, damit sie dort intensiv forschten. Wenn die Lernerfahrung beendet war, vereinigte er sich wieder mit ihnen und reiste weiter. Manchmal ging er, wenn es um höhere Dimensionen ging, die er erforschen wollte, mit seinem ganzen Sein in das Experiment. Manchmal waren die Dimensionen etwas niedriger in den Schwingungen und seine eigene Energie, sein ganzes Licht konnte es dort nicht aushalten, deshalb sandte er nur einen Teil seines Selbst dorthin, während die Essenz an einem hochschwingenden Ort verweilte und andere Arbeiten erledigte, aber immer mit einem Blick auf den Anteil, der im tieferen Außen Erfahrungen sammelte. Nun tuschelte man überall in diesem Universum über die Erde, über Gaia, über diesen außerordentlichen Planeten, der so anders war, als man es üblicherweise kannte. Unser kleiner Engel war sehr neugierig und überlegte sich, dort vielleicht auch einmal Station zu machen. Er traf sich deshalb mit anderen Engeln, die ähnliche Gedanken hegten, und sie überlegten, was zu tun sei. Sie beschlossen, sich selbst einmal diesem interessanten Planeten mit den besonderen Erfahrungsmöglichkeiten zu nähern. So reisten sie gemeinsam in Richtung Erde.

Am Eingang zum Spielfeld „Erde" (und zu seinen Nachbarplaneten, die mit am Spiel beteiligt sind) kamen sie an ein großes Tor. Dieses Tor ist in der Nähe des Sirius. Es ist eines der großen Tore, die Engel passieren müssen, wenn sie in das Spiel der Dualität eintreten wollen. Der Wärter dieses Tores erklärte nun den angereisten Engeln die Regeln für das Spiel der Dualität. Nicht nur die Erde ist daran beteiligt, auch viele Planeten und Konstellationen in ihrer Nähe. Es ist wie in einer Arena. Im Außen schauen viele erstaunt zu und grübeln darüber nach, zu welchen verrückten Ideen sich die Spielpartner hinreißen lassen werden. Jeder der angereisten Engel erfuhr nun, dass er in einige Teile aufgeteilt würde, in verschiedene Dus. Das ist notwendig, um überhaupt teilnehmen zu können. Die Engel überlegten ein wenig, stimmten dann frohen Mutes den Bedingungen zu. Nach der Aufteilung bestand nun jeder Engel aus einer Engelessenz und einigen anderen Dus. Diese Dus besprachen mit ihrer Essenz den Spielplan, unterstützt von Helfern, die in dem gesamten Bereich mit den Spielpartnern agierten.

Die Helfer sind andere Engel, die es sich zur Aufgabe gemacht haben, diesem schwierigen Spiel beizuwohnen. Es ist ein großer Liebesdienst. Die Essenz des Engels, das hast du dir sicher schon gedacht, ist das Höhere Selbst, das immer mit den anderen Anteilen verbunden ist.

Jetzt geht es weiter: Beim Eintreten werden die Engel anderen Engeln zugeordnet. Sie tun sich als Spielpartner zusammen, um sich gegenseitig zu unterstützen. Wie in einem großen Theaterstück werden die Rollen vergeben. Das Stück hat viele Rollen, viele Parts, und jeder Part wird von jedem Spieler gespielt. Zumindest besteht die Möglichkeit dazu. Wenn ein Spieler irgendwann die Erfahrungspalette in allen Facetten durchlaufen hat, wartet er am Rande des Spielfeldes in höher dimensional gelegenen Ruhezonen, bis alle anderen Anteile ihr Spiel beendet haben. Am Ende der Spielsaison erhalten alle Teilnehmer wundervolle Ehrungen und viele Geschenke und gehen um viele Erfahrungen reicher zurück in die wahre Welt der Engel. Das ist, vereinfacht ausgedrückt, dein persönlicher Weg.

Ja, du bist so ein Engel. Die Anteile, in die du aufgeteilt bist, sammeln ihre Erfahrungen jetzt im Moment in anderen Zeitschienen, vielleicht in Atlantis, in der Steinzeit oder im Jahre 2020. Einige deiner Anteile sind vielleicht nicht inkarniert und warten im neutralen Spielfeld (den astralen Bereichen) auf einen Neueinsatz. Sie schauen, welche Rolle ihnen noch fehlt und wo, in welcher Zeitschiene sie gespielt werden kann. Jetzt ist der Zeitpunkt gekommen, wo die Fanfaren des Spielleiters ertönen, der vermitteln möchte: „Der Spielplan der Erde verändert sich, alle mal herhören, der Plan der Erde hat sich gewandelt, die Dualität geht dem Ende entgegen. Lichtere Ebenen wollen entstehen, um mehr Liebe in die Aktivitäten zu bringen. Erwachet, ihr Spieler, erwachet!"

Was nun geschieht, ist sehr leicht zu erklären, vielleicht aber nicht leicht zu verdauen für dich. Deine anderen Anteile, die sich in unterschiedlichen Reichen befinden, um dort zu lernen, kommen in dein Spiel- bzw. Energiefeld. Das bedeutet nicht, dass sie in ihrer Zeitschiene erst sterben müssen, um sich dann mit dir zu vereinen. Sie können weiter dort agieren, nur werden sie sich auf energetischer Ebene deinem Feld nähern und sich eingliedern. Die vielen Tropfen, die ihr wart, werden nun wieder ein Tropfen. Sie werden wieder verschmelzen. Das bedeutet, dass jeder Tropfen sich der Verbindung zum Höheren Selbst, zur Essenz bewusst wird und dementsprechend sein Leben lenken lässt. Die Tropfen werden sich bewusst, wer sie sind, und leben ihr Leben fortan intensiver, klarer, eben bewusster. Einige werden sich entscheiden, zu sterben, um auf diese Art ganz in die Essenz einzutauchen, einige gehen den Weg der Inkarnation bis zum Ende. Die nicht inkarnierten Tropfen, die im neutralen Bereich warten und einen hier lebenden Teil betreuen, verbinden sich auch wieder ganz mit der Essenz. Das ist, was jetzt bei allen Erwachten geschieht. Der Ablauf ist ganz entspannt und wird so gestaltet, wie es für den Tropfen passt, der hier in dieser Zeitschiene inkarniert ist, denn das ist die Schiene, wo der wichtige Schritt der Erde geschieht. Du Engeltropfen wirst langsam wieder ein ganzer Engel, so wie es für dich angemessen ist. Die Verschmelzung wird von den

Aufstiegsspezialisten eingeleitet. Dies ist ein physikalisch-spiritueller Prozess, der sehr umsichtig gelenkt und vernetzt wird. Es gibt dafür keinen irdisch-menschlichen Plan und keine passenden Worte, um das exakt zu erklären. Du bist verdichtetes Licht, und was geschieht, ist eine Wiedervernetzung deines Lichtes. Stelle es dir so vor, dass bei dem Eintritt in das Spielfeld „Erde" deine Lichtstrukturen gezielt in kleine Bündel aufgeteilt wurden. Es war ein sehr subtiler und diffiziler Prozess, wahrlich, ich sage dir, hohe Wesenheiten gaben sich viel Mühe, das zu tun. Nun rückt dich dieser Vorgang wieder in die Ausgangsposition. Allerdings ist eines anders als zuvor: Du hast jetzt einige Lichtstränge in dir, die intensiver sind. Die Farben leuchten heller und kraftvoller und einige Farbkompositionen werden allen anderen Engeln, wo immer du ihnen begegnest, zeigen, wer du bist und wo du gewesen bist. Es ist in deinem Energiefeld sichtbar, dass du auf der Erde warst und die Strapazen auf dich nahmst, ein gefallener Engel zu sein. Daher stammt der Begriff „gefallener Engel". Die meisten Menschen implizieren damit etwas Schlechtes. Es ist das Gegenteil: Geehrt ist das geliebte Engelwesen, das sich bereit erklärte, diesen Dienst zu tun. Auch du bist ein gefallener Engel. Es freut mich außerordentlich, dir dabei behilflich zu sein, zu erkennen, wer du bist! Ich bin Kryon vom magnetischen Dienst, der es sich zur Aufgabe gemacht hat, allen „gefallenen Engeln" die Hand zu reichen und sie auf einen goldenen Thron zu setzen und ihre zerknitterten Flügel wieder zu glätten. Das ist jetzt angemessen!

„Was verändert sich nun mit mir, Kryon, wenn all die Anteile wieder zu mir kommen?", magst du mich fragen. Es ist ein energetischer Prozess, der, äußerlich betrachtet, nicht erkennbar ist. Du spürst ihn vielleicht durch Unwohlsein oder durch viel Müdigkeit und durch diese Unpässlichkeiten, die der neue Weg der Erde mit sich bringt. Vielfach geschehen diese Eingliederungen in der Nacht oder auch in Phasen kleiner Krankheiten oder in bewusst gewählten Ruhepausen. Deine Verbindung zu deinen anderen Anteilen bietet dir eine hervorragende Möglichkeit, die Qualitäten der anderen Dus in das Leben hier einzugliedern. Ich kann dies nicht oft genug vermitteln: Du hast alle Qualitäten und alles Können in dir. Wenn du sagst, dass du einige Dinge nicht tun kannst, weil es dir nicht gegeben sei, dann ist das nicht mehr korrekt. Dir ist alles möglich. Alles, was dein Herz begehrt, kannst du. Wirklich, glaube mir, du bist bald wieder ganz komplett, und auf einer sehr hohen Ebene warst du es die ganze Zeit, nur bist du an all deine Fähigkeiten nicht herangekommen. Der Spielplan der Dualität hat dies verhindert. Das ist nun vorbei. Erinnere dich an diese Worte, wenn du wieder einmal etwas tun möchtest und schon vorher denkst: „Das schaffe ich sowieso nicht, da brauche ich gar nicht erst anzufangen. Das schaffe ich nicht, das können die anderen viel besser!" Lass die Begrenzung fallen, sei frohen Mutes und bitte deine anderen Anteile oder dein Höheres Selbst, dir alle Qualitäten, die du jetzt benötigst, zur Verfügung zu stellen. Wenn du dich ganz auf dich in deinem Herzen konzentrierst, wird dir der Coup gelingen. Das verspreche ich dir!

Schließe nun deine Augen, wir wollen deine anderen Dus gern einmal anschauen. Bist du bereit, dich multidimensional zu sehen? Gut, dann stelle dir vor deinem inneren Auge deine eigene Gestallt als Umriss vor. Um diese Gestalt ist ein größeres Feld, deine Aura. Lass diese Aura für dich sichtbar werden. Das kann einige Minuten dauern. Vielleicht nimmst du in deiner Aura Farben wahr. Verweile ein bisschen in dieser Betrachtung. Du wirst feststellen, dass deine Aura nicht statisch, sondern sehr aktiv ist. Sie ist ein pulsierendes Magnetfeld. Und nun wirst du bemerken, dass in deinem Feld ein paar sich besonders verhaltende Punkte sind. Sie sind wie kleine Kugeln, die sich dort spielerisch bewegen. Sie tun das nur für dich, um dir zu zeigen, wie lebendig du bist und dass du nie allein bist. Was sich dort kugelig bewegt, sind deine anderen Anteile. Teils als Helfer, weil sie nicht inkarniert sind, teils als die, die schon wieder integriert sind. Wahrscheinlich hast du wie die meisten, die in dieses Spielsystem kommen, insgesamt zwölf Anteile. Einige der anderen elf sind sicher schon bei dir, wenn du diese Zeilen liest. Konzentriere dich nun auf eine Kugel und bitte sie, sich vor deinem inneren Auge zu zeigen, sich zu vergrößern, sodass du sie gut erkennen kannst. Vielleicht steht ein mittelalterlicher Barde vor dir, der gern singt und zum Tanzen anregt. Diese Qualität möchte mehr in dein Leben Einzug halten. Nimm Kontakt zu diesem Barden auf und genieße die Begegnung.

Bleibe so lange in diesem Kontakt, wie es dir Freude bereitet. Unterhalte dich, heiße diesen, deinen Anteil herzlich willkommen.

Vielleicht hast du Lust, die anderen Dus ebenfalls zu begrüßen und ihre Qualitäten kennenzulernen. Letztlich waren diese Aspekte deines Seins und ihre Qualitäten immer da. Das Höhere Selbst hatte die Fäden in der Hand und gab dir, wenn es möglich war, ein Quäntchen davon in dein Energiefeld, in dein Leben, so wie es angemessen war. Jetzt ist eine andere Zeit.

„Denke nicht wie ein Mensch", möchte ich dir noch ans Herz legen. Dies alles mag dir ungewöhnlich erscheinen, ist aber dennoch die göttliche Wahrheit. Vielleicht kannst du das nicht mit jedem besprechen oder teilen, aber dennoch bleibt die Wahrheit die Wahrheit.

Eine Übung für dich

Der Sinn dieser Integration ist, dass du von nun an bewusster und um deine Qualitäten wissend in deinem Leben agierst. Sei dir deiner wachsenden Vollkommenheit bewusst. Dein Höheres Selbst, dein Goldener Engel wird Schritt für Schritt dafür Sorge tragen, dass alle Anteile in dir bewusst für dich zugänglich sind. Das muss nicht immer durch das innere Beschauen sein. Es geht eigentlich automatisch vor sich. Es ist wie mit allen Übungen in diesem

Buch: Je mehr du dir einiger Tatsachen bewusst bist, desto besser kannst du den Inhalt der Übung annehmen und im täglichen Leben einsetzen. Dein Verstand lernt damit umzugehen und erkennt, dass es Zeit ist, sich an den göttlichen Geist anzulehnen.

Ich möchte dich noch darauf hinweisen, dass du bei all den geistigen Übungen die Erde und deine Zugehörigkeit zu ihr nicht vergisst. Vielleicht inspirieren dich Anteile wie der Barde oder die Tänzerin, draußen in der Natur zu singen oder zu tanzen. Das ist bestimmt eine gute Idee!

Weitere Übungen

Du könntest das Ganze auch anders angehen: In einer Situation, in der du merkst, dass du nicht so reagieren möchtest, wie du es normal tust, bitte einen anderen Teil von dir oder das Höhere Selbst einzuspringen. Hole ein paar Mal tief Luft und warte gelassen darauf, wie du anders agierst. Das kann bei einem Geschäftsgespräch sein, beim Telefonieren mit einem Freund oder beim Einkaufen. Vielleicht fällt dir so ein Arztbesuch leichter, der dir Sorgen machte.

Wie wäre es, wenn du den Maler in dir einmal bitten würdest, mit dir gemeinsam ein Bild zu malen. Nimm dir ein Blatt Papier und einen Stift zur Hand, atme ein paarmal tief durch, konzentriere dich auf dein Herz und bitte in reiner Absicht darum, dass ihr, dein innerer Maler und du, gemeinsam ein Bild kreiert.

Du wirst dich wundern, da bin ich sicher, was für ein herrliches Werk ihr gemeinsam erschafft. Wahrscheinlich kommt etwas ganz anderes heraus, als du erwartet hast.

Barbaras persönliche Erfahrungen

Ich kann mich nicht mehr erinnern, wie es kam, aber ich habe immer das Gefühl gehabt, ich könne nicht singen. Mir schwant, eine Lehrerin ärgerte sich einmal über mich, weil ich schwatzte oder wieder einmal zu spät in den Unterricht kam, und tadelte mich deshalb. Ich gehörte fortan nicht zu ihren Lieblingen und wurde nicht mehr sonderlich motiviert zu singen. Die Noten konnte ich mir auch nicht merken; ich war wohl nie sehr konzentriert dabei. Kurz, ich hatte zum Singen eher immer ein zaghaftes Verhältnis. Kryon ermunterte mich gleich zu Anfang unserer Verbindung, meiner Stimme mehr Ausdruck zu verleihen, das sei auch wichtig für unsere gemeinsame Arbeit. Im Kehlkopf sitze noch etwas, das entlassen werden wolle. Und das sei durch viel Tönen und Singen gut zu lösen. Ich singe nun mit der Unterstützung meines inneren Sängers gern für mich. Ich töne vor jedem größeren Channeling und spüre dabei, dass sich alle meine Chakren entspannen und weit öffnen, die Energie fließt besser. Einer meiner Seelenanteile, eine Schamanin, die lange

auf der Venus inkarnierte, leitet mich an, mich freier zu
bewegen und die Kraft der Farben zu nutzen, auch in Form
der Kleidung. Einmal inspirierte sie mich, meine Sofakissen
neu zu beziehen. Die Farbe Orange würde mir jetzt guttun.
Seitdem kuschele ich mich gern in Orange, wenn ich ein bisschen auf dem Sofa träumen, nachdenken oder kommunizieren möchte.

18

Der eigene Heil(ige) Tempel

Zum Erfahrungsspektrum des Spielfeldes „Erde" gehören auch die sogenannten „Krankheiten". Wenn der Mensch krank ist, stimmt etwas auf der Seelenebene nicht. Der erkrankte Mensch erlebt die Unausgeglichenheit der nichtphysischen Körper im körperlichen Bereich. Wenn jemand nicht im Gleichgewicht ist, ist der Körper die letzte Ebene, die das ausdrückt. Krankheit weist zum Teil äußerst drastisch darauf hin, dass ein Ausgleich nötig ist. Nochmals zum klaren Verständnis: Es gibt keine Krankheiten, keine Unpässlichkeiten, keine Unfälle, die einem Menschen zufällig widerfahren. Sie haben eine Ursache, die im geistigen Bereich liegt. Das Beste, was der Mensch in diesem Fall tun kann, ist, sich Zeit zu nehmen und das Symptom „Krankheit" zu beleuchten.

Mediziner sind Spezialisten, die meistens nur für die Bekämpfung der Symptome zuständig sind. Die Behandlung hat aber oft einen Sinn. Beispielsweise ist das Fixieren eines gebrochenen Knochens bei einem chirurgischen Eingriff empfehlenswert und medizinische Hilfe kann bei einem Magendurchbruch lebensrettend sein. Nur ist es in den meisten Fällen lediglich eine Symptombekämpfung, obwohl so mancher Unfall oder Krankheitsfall den Patienten bereits zum Nachdenken und Fühlen anregt. Eine Bestandsaufnahme führt mitunter zur Umstellung der bisherigen Lebensweise. Manchmal ist damit die Selbstheilung des Menschen schon in Gang gesetzt. Um es ganz klar zu sagen: Die Heilung eines Menschen, die Ausgleichung der seelischen Unebenheiten kann nur der Mensch selbst erreichen. Alle Mediziner, energetischen Heiler, Therapeuten können lediglich eine Stütze, ein Helfer sein und die Selbstheilungskräfte aktivieren. Heilung geschieht, wenn der Mensch Eigenverantwortung übernimmt, wenn er erkennt, dass alle Probleme hausgemacht und dass alle Krankheitssymptome Hilfeschreie der seelischen Ebene sind, die auf der körperlichen deutlich gemacht werden.

Damit der Körper sich wieder wohlfühlt, muss der Mensch die Ursache anschauen. Nicht bekämpfen, das wäre der falsche Weg. Er muss sich selbst liebevoll in den Arm nehmen und voller Verständnis den Grund seiner Krankheit erkennen. Der Volksmund gibt diesbezüglich schon seit langem Hinweise und Erklärungen: Es schlägt mir etwas auf den Magen. Es geht mir etwas an die Nieren. Die Last drückt auf meine Schultern. Und so weiter. Das Wissen, dass der Mensch sich selbst heilt, während Außenstehende, ob sie nun ausgebildete Mediziner oder Therapeuten sind, lediglich Unterstützer sein können, war früher gut bekannt. Über Heilweisen von Atlantis und Lemurien sprachen wir schon. Über die Klärung der alten Muster und auch der erlebten Leben unterhielten wir uns ebenfalls. Du kannst durch das Erkunden deiner gespeicherten Erlebnisse aus diesem und anderen Leben Klarheit in deinem Energiefeld erreichen, sodass dein weiteres Leben nicht mehr oder nicht mehr so stark davon beeinflusst wird. Die vielen Erlebnisse, die dich prägten, können gelöscht werden, damit du deinen weiteren Weg hier auf der Erde unbelastet fortsetzen kannst. Und das ist wichtig: Nur ganz klar, ohne Muster und nicht emotionsgesteuert kann dein Körper lichter und durchlässiger werden für die hohen Energien, die Erde und Mensch auf die nächsten Jahre vorbereiten wollen.

Es ist nichts dagegen einzuwenden, wenn du im Falle einer Krankheit oder eines Unwohlseins einem Arzt oder/und Heilpraktiker zurate ziehst. Immer mehr Mediziner erkennen, was „ganzheitliche Heilung" bedeutet und nehmen entsprechende Therapien in ihre Praxis auf. In einigen Ländern arbeiten energetische Heiler und Mediziner Hand in Hand. Die Urvölker leben wieder ihre alten Zeremonien und erlauben der geistigen Welt, mit einzugreifen in den Selbstheilungsprozess. Geehrt sind die Menschen, die sich für die Erkenntnis öffnen, dass ein höherer Teil von ihnen, ihr eigenes Höheres Selbst und das des Patienten wissen, wo und wie die Selbstheilung unterstützt werden kann.

„Was kann ich tun, Kryon, wenn mich wieder mal ein Unwohlsein plagt oder ein kleiner Unfall in mein Leben tritt? Meistens weiß ich schon, wo ich mir wieder einmal zu viel zugemutet habe, wo ich nicht nein sagen konnte. Und dass ich wieder in alte Muster zurückgefallen bin und Mangeldenken mein Ratgeber war. Gibt es etwas, was ich persönlich tun kann?", magst du nun fragen.

Der Mensch in der heutigen Zeit hat viele Möglichkeiten, sich in den inneren Ausgleich zu begeben. Wie schon erwähnt, ist der Besuch bei einem Mediziner äußerst ratsam oder unumgänglich, wenn die Krankheit ein Ausmaß angenommen hat, dass sie professionell therapiert werden muss. Wenn es jedoch lediglich darum geht, kleinere Misslichkeiten zu erkennen und aufzulösen, sind homöopathische Mittel oder ein gezieltes Ausgleichen des eigenen elektromagnetischen Feldes zu empfehlen. Vielleicht ist das Ausagieren eines alten Musters sinnvoll, das sich immer wieder zeigt. Das könnte bedeuten, sich in bestimmten Lebenssituationen zu wehren, was in früheren Zeiten zum Tod oder zu anderen schwerwiegenden Konsequenzen geführt hätte. Ein energetischer Ausgleich ist immer ratsam. Das kann durch einen geschulten Energiearbeiter geschehen oder du begibst dich selbst in die Energiearbeit, mit Unterstützung der geistigen Familie, die jetzt um dich herum ist, um dir zu helfen, in dieser neuen Zeit effektiv dein Leben zu gestalten. Ich empfehle bei langwierigen Krankheiten oder/und wenn eine längere körperliche Therapie notwendig ist, eine zusätzliche energetische Betreuung, um an den Kern zu kommen, an den „geistigen Virus". Ihn gilt es zu erkennen, zu lösen oder zu integrieren.

Wenn ich „Familie" sage, meine ich dein Höheres Selbst, deine Meistergeistführer, die zum Teil hoch entwickelte Fachleute in Sachen „Heilunterstützung" sind. Wie du dich sicher erinnerst, erklärte ich bereits, dass mit deinem Einstieg in die Neue Energie ein Geistführerwechsel stattfand. Deine Meistergeistführer sind vielleicht Saint Germain oder Erzengel Raphael. Sie sind mit der Violetten Flamme und dem grünen Heilstrahl kompetente Fachleute, die dir gern helfen, dich auszugleichen. Denn noch einmal: Jede Krankheit, jeder Unfall ist eine Unausgeglichenheit in *deinem* Lebensplan und gibt dir die Chance, zu erkennen, was in deinem Leben nicht mehr im Fluss ist, um es dann zu ändern. Heute werden die Menschen reichlich durch die Brüder und Schwestern beschenkt, die nicht auf der Erde inkarniert, aber ganz nah sind, um dienlich zu sein. Sie sehen dich ganzheitlich und können dich, wenn du darum bittest, energetisch ausgleichen und dir auch vermitteln, warum du nicht in Klarheit bist. Wie alle Helfer an deiner Seite, greifen sie äußerst selten einfach so in dein Leben ein. Sie formen zwar oft deine verschiedenen Potenziale, damit du sie besser wahrnimmst, aber eingreifen dürfen sie nicht. Wenn du nun ihre Unterstützung haben möchtest, dann erbitte ihre Hilfe, und es wird geschehen.

Ich wäre nicht Kryon, würde ich dir nicht auch hier

genauere, praktische Hilfen anbieten. Nehmen wir einmal an, du hast starken Schnupfen und Husten und kannst dich nicht mehr bewegen, weil alles weh tut und du dich sehr schwach fühlst. Dann solltest du dir Raum fürs Alleinsein schaffen, egal wie viele Menschen im Außen deine Hilfe brauchen. Nimm dir Zeit für dich und ruhe dich aus. Dann könntest du in reiner Absicht dein Höheres Selbst oder Erzengel Raphael bitten, dir zu helfen, das Symptom zu erkennen und wieder in die Klarheit zu kommen. Wenn du darum bittest, wird dir geholfen, das ist ein kosmisches Prinzip. Wer bittet, dem wird gegeben, dies ist wahrlich ein göttliches Gesetz. Um deinem menschlichen Denken etwas Nährendes zu geben und auch dir plastisch zu zeigen, wie deine Selbstheilungskräfte aktiviert werden, kannst du dir einen eigenen Heiltempel imaginieren und dort Hilfe empfangen. Dort erfährst du Linderung und kannst explizit erfahren, warum du so verschnupft bist. Ein eigener Heil(iger) Tempel ist eine Begegnung mit deinem Höheren göttlichen Teil.

Bist du bereit für einen solchen Schritt? Vertraust du darauf, dass du dein eigener Arzt, Energieausgleicher und Klärer sein kannst? Ich möchte dich damit nicht anleiten, bei Krankheiten ganz auf äußerliche Hilfe zu verzichten. Das ist eine Gratwanderung, bei der es um dein Vertrauen in die Selbstheilungskräfte und in den Gott in dir geht. Du kannst generell davon ausgehen, dass alle Krankheiten energetisch ausgeglichen werden können, wenn das eigene göttliche Selbst das Ja dazu gibt. Denn, verstehe bitte richtig, mancher

Unfall und manche Krankheit sind möglicherweise notwendig für deine Entwicklung. Wenn Krebs dein Leben unterbricht, dann hat der Krebs eine Aufgabe mitgebracht, die gelöst werden möchte. Das kann mit einer Umstellung des gesamten Lebens verbunden sein, etwa wenn man einen körperlichen Missbrauch aus der Kindheit oder ein anderes Trauma erkennt und loslässt.

Ich biete dir jetzt an, dir einen eigenen Heiltempel in der fünften Dimension zu kreieren, der dir die Chance gibt, kleine Unpässlichkeiten sofort auszugleichen und durch das Besprechen mit deinen höheren Anteilen oder deinen Meistergeistführern tiefere Krankheitssymptome zu erkennen. Schließe bitte deine Augen und nimm ein paar tiefe Atemzüge. Dann strecke deine geistige Hand aus und spüre die meinige. Ich leite dich gern bei diesem wichtigen Schritt in deine Eigenverantwortung. Stelle dir wieder vor, du bist auf einer schönen Wiese. Nimm dir Zeit, dich dort ganz einzufinden. Spüre das Gras unter deinen Füßen und schaue und fühle, welche Kleidung du trägst. Nimm dich ganz wahr, beobachte deine Umgebung, rieche das Gras, arbeite mit all deinen Sinnen. Nun wanderst du ein bisschen umher und entdeckst dabei in der Ferne einen Tempel. Der kann die Form einer Pyramide oder die eines anderen Gebäudes haben. Er wird so sein, wie er dir gefällt. Begib dich zum Tempel, sodass du direkt davorstehst. Es ist dein persönlicher Heiltempel, dein heiliger Raum der Heilung. Erkunde den Eingang des Gebäudes und gehe hinein. Die Innengestaltung des Tempels ist eher spartanisch. Vielleicht siehst du dort eine indirekte Beleuchtung, ein paar Pflanzen, vielleicht einen farbigen Springbrunnen, du entdeckst wahrscheinlich eher wenig Mobiliar. Lediglich in der Mitte des Raumes ist eine größere Liege, eine Bank, die zum Hinlegen einlädt. Es ist dein Behandlungsbereich. Fühle dich eingeladen, dich dort hinzulegen. Sobald du nun deine reine Absicht, dich einer Behandlung hinzugeben, innerlich kundtust, erkennst du zwei lichte Gestalten, die sich dir nähern. Sie begrüßen dich freundlich, entkleiden dich, hüllen dich in einen gazeähnlichen Stoff und betten dich fürsorglich auf den Behandlungstisch. Du bemerkst über dir einen großen Kristall, kannst aber schwerlich erkennen, was es für einer ist, wohl ein Bergkristall oder ein Diamant. Dieser Kristall funkelt in vielen Farben. Schließe nun deine geistigen Augen und bitte in reiner Absicht um die Aktivierung deiner Selbstheilungskräfte. Nun kann Verschiedenes geschehen. Vielleicht tauchst du in blaues Licht, in rotes oder in mehrere Farben ein. Vielleicht wird dir ganz heiß oder du fühlst eine leichte Kühle. Vielleicht spürst du, wie an bestimmten Körperpartien gearbeitet wird. Wie lange diese Behandlung dauert, ist unterschiedlich. Lass los und genieße diese energetische Sitzung. Du wirst wissen, wann sie beendet ist. Während dieser Behandlung bekommst du vielleicht auch Eingebungen, was du in deinem Leben beleuchten oder ändern solltest. Du weißt plötzlich, was diese Unpässlichkeit hervorgerufen hat, warum du verschnupft bist oder warum ein langes Leiden immer wieder auftaucht und dich nicht in Ruhe lässt. Dieser Tempelbesuch kann zu einem täglichen Ritual werden, möglicherweise am Abend. Denn den ganzen langen Tag über bist du in vielen Situationen, die dich fordern und dein Energiefeld vielleicht schwächen. Außerdem bist du ja bekanntlich in einem starken Transformationsprozess. Deine Aufstiegshelfer arbeiten an dir und formen deine DNS um und aktivieren sie, legen Lichtkanäle, aktivieren Lichtinformationspakete, die du dir selbst vor langer Zeit packtest, damit sie dir jetzt zur Verfügung stehen. Ein abendliches Klärungsprogramm unterstützt diese Umarbeitung, auch wenn du wieder einmal Schmerzen am ganzen Körper hast, die durch diese Umarbeitungen entstehen. Du kennst es sicher: Überall zwackt es, sogar an Stellen, wo du nie Schmerzen erwartet hättest. Besondere Stellen der Umarbeitung sind die Gelenke an Armen, Händen und Beinen, der Nackenbereich, die Füße und die Herz-Lungen-Gegend. Wenn du alte Muster entlässt, die mit dem Frausein zu tun haben, schmerzt oft der gesamte Unterleib. Kein Mediziner wird das als Krankheit diagnostizieren können. Es gibt keines. Es ist Umarbeitung, glaube mir. Viele Menschen haben damit, oft unwissentlich, zu tun. Eine Heilbehandlung, die du dir selbst gibst, wirkt oft Wunder, und du kannst die Unpässlichkeiten leichter ertragen.

Wie fühlst du dich in deinem persönlichen heiligen Tempel? Es ist auch eine gute Gelegenheit und der passende Ort, dein Höheres Selbst zu treffen. Bitte in reiner Absicht deinen Goldenen Engel, er möge zu dir treten. Er wird da sein.

Eine Übung für dich

Dein innerer Heiltempel ist individuell, denn er ist von dir erschaffen, in deinen inneren Welten. Glaube bitte nicht, er sei Fantasie, er ist sehr real. Eigentlich noch realer als die Welt, die du mit offenen Augen betrachtest. Könnte das alles hier nicht die Illusion sein, und das wahre Sein findet auf einer anderen Ebene, nämlich auf der inneren, statt? Ich versichere dir, dass es so ist. Es ist wirklich so, dass das Leben auf der Erde in der dritten Dimension einem Traum gleicht. Manchmal kommt es dir sicherlich auch so vor. Und die Begegnung mit den anderen Welten, die sich alle in dir befinden, fühlen sich oft viel realer an, nicht wahr? Dort lebst und agierst du uneingeschränkt. Alles ist möglich, keine Situation ist statisch, jede ist veränderbar. Der Schritt in den eigenen Heilungstempel schafft die Möglichkeit, deine irdische Wirklichkeit zu verändern. Du kannst durch die Arbeit mit und an dir deinen Körper verändern, ihn ins Gleichgewicht bringen. Stelle dir vor, du stehst in diesem Tempel, erbittest eine Licht- und Farbendusche. Du stellst dich unter sie und äußerst die reine Absicht, dass alle körperlichen Unausgewogenheiten und solche, die am Entstehen sind, ausgeglichen werden. Du kannst deinen Körper auf dieser Ebene umformen. Die Möglichkeit besteht tatsächlich, glaube mir. Du musst dir dich auf dieser Ebene so vorstellen, wie du aussehen möchtest. Und das tust du mindestens einmal am Tag, immer wieder. Wichtig ist, dass du dich aus der Herzensebene heraus betrachtest.

Damit meine ich, dass du es dir voller Liebe kreirst und formst. Ehre und achte dein Gefährt „Körper" und erschaffe dann im Geiste deine gewünschte Körperform, berühre mit den geistigen Händen deine Formen und schenke ihnen Streicheleinheiten. Sende unendliche Liebe in deine Zellen. So geschehen Veränderungen, die du „Wunder" nennen magst. Macht es nicht Sinn, auf diese Art mit dem Geist deinen Körper in Liebe zu formen, anstatt dir eine Diät zuzumuten, die deinem Körper wahrlich nicht gut bekommt und eher das Gegenteil bewirkt? Spiele mit diesem Gedanken und probiere es aus. Ich will, dass du dich erinnerst, wie es ist, im Geiste zu erschaffen. In deinem inneren Heiltempel kannst du das Kreieren üben. Du imaginierst deinen gewünschten Körper mit der Kraft deines Herzens. Ohne die Liebe wird es nicht funktionieren. Worte sind nicht ausreichend, diese Form des Schaffens hier ausführlich zu beschreiben. Probiere es selbst aus.

Weitere Übungen

Ich gehe noch einen Schritt weiter: Gefällt es dir, wenn ich dir sage, dass du kein Fitnessstudio aufsuchen musst, um deine Muskeln zu stärken oder überflüssige Pfunde loszuwerden? Wenn du dies im Geiste tust, hat es denselben Effekt. Ist das nicht fantastisch? Nimm dir Zeit für einen intensiven Gedankenaustausch zu diesem Thema. Ich helfe dir gern dabei.

Dein Heiltempel ist für alle hohen Wesenheiten zugänglich, wenn du es möchtest. Bitte gern Erzengel Michael zu einem Gespräch und zu einer Behandlung, wenn du alte Muster klären möchtest. Saint Germain besucht dich auch gern für eine Violette Dusche und zu einem kleinen Plausch über deine Sorgen. „Warum reagiere ich immer wieder gleich in bestimmten Situationen?", könntest du Saint Germain fragen. Er wird dir interessante Sichtweisen und Einsichten vermitteln.

Wisse bitte, dass Gespräche in den geistigen Welten mindestens so real sind wie die irdischen. Sie sind interdimensional. Hier noch der Hinweis, dass du auch die Energie von Mutter Erde zur besseren Erdung in deinen Heiltempel einladen kannst. Auch die Erde hat ihren Körper und ihren Bereich in der höheren Dimension und kann jederzeit deiner Selbstheilungszeremonie beiwohnen. Die hohen Wesen aus Lemuria treten ebenfalls gern in deinen Heiltempel ein und geben dir einen Rat. Experimentiere. Diesen Erforschungen sind keine Grenzen gesetzt.

Barbaras persönliche Erfahrungen

Die Idee des persönlichen Heiltempels hat mir Kryon vor ein paar Jahren geschenkt. Damals war ich noch sehr zaghaft und kreierte einen einfachen Tempel. Einzelheiten und nähere Umgebungen konnte ich nicht so recht wahrnehmen. Mit der Zeit waren die Konturen schärfer, ich konnte die Details gut sehen und habe den Tempel sogar so hergerichtet, wie er mir gefiel. Das ändert sich immer mal wieder. Jetzt habe ich vor kurzem den schillernden Sandweg dahin neu bepflanzt. Wunderhübsche Lilien, meine Lieblingsblumen, zieren ihn jetzt. Vor dem Eingang sind links und rechts herrliche Kerzenkandelaber. Und bevor ich in den Tempel eintrete, zünde ich die Kerzen an. Es ist mein persönliches Ritual. Manchmal pflücke ich ein paar Lilien oder auch nur eine und nehme sie mit hinein. Die Lilien haben wundervolle Farben, wie ich sie auf der Erde nicht wahrnehmen kann. In meinem Tempel habe ich eine große farbenprächtige Lichtdusche und einen Wasserfall. Je nach Bedarf wähle ich das eine oder andere. In der Mitte des Raumes steht ein großes Kristallbett. Es ist oft gewärmt, ich friere immer leicht (auch im Geiste).

Dann kann Verschiedenes geschehen. Mal behandelt mich Kryon, mal klärt mich Michael. Da ich diese Zeremonie oft abends mache, schlafe ich meistens dabei ein. Das ist ein schönes Gefühl. Ich erinnere mich beim Erwachen allerdings nicht immer, was sonst noch geschah. An Gespräche mit anderen Helfern kann ich mich erinnern oder an bestimmte Behandlungen am Körper. Ich liebe diese Begegnungen. Sie vermitteln mir, wer ich wirklich bin. Manchmal ist das sehr tröstlich, wenn ich mich auf der irdischen Ebene wieder einmal so unbeweglich fühle.

19

Die Kraft der allumfassenden Liebe

Geliebter Mensch, unsere Begegnung auf dieser Ebene neigt sich dem Ende entgegen. Du und ich, wir haben eine intensive Zeit miteinander verbracht, nicht wahr? Vielleicht hast du das Buch in einem Stück durchgelesen und überlegst dir nun, welche Übungen für dich interessant sind. Oder du hast dich gleich auf ein Kapitel fokussiert und bist tief in die Schwingungen eingetaucht. Wisse, diese unsere Begegnung war kein Treffen mit zwei Teilnehmern. Es war ein Familientreffen, alle Anteile deiner Seele haben teilgenommen. Einige von ihnen sind stets bei dir. Wann immer du dieses Buch zur Hand nimmst, ist das ein Zeichen für dein Höheres Selbst und deine Meistergeistführer. Sie werden intensiv mit dir in Verbindung treten, um dir die Chance zu geben, einen weiteren Schritt in dein eigenes Licht zu wagen.

Der Gedanke und die reine Absicht, in diese Zeilen einzutauchen, sind ein Gesuch deinerseits. Du könntest es so for-

mulieren: „Ich bitte um Klärung meiner alten Konditionierungen, so wie es jetzt angemessen ist. Ich bitte ebenfalls um
Unterstützung für die nächsten Schritte, die in meinem Leben
anstehen. Ich bitte um innige Verbindung zu meinem Goldenen Engel, den ich noch nicht so recht wahrnehmen kann.
Ich spüre ihn oft, aber die Verbindung könnte stärker fühlbar
für mich sein. Ich bitte um Hilfe, damit ich all das, was in meinem Leben nun geschieht, verstehen und annehmen kann.
Ich hoffe, dass die Dinge, die ich mir gern in meinem Leben
kreieren möchte, die passenden für mich sind. Sollte das
nicht so sein, bitte ich meine Helfer, mir zu vermitteln, welche Potenziale bereit sind, sich bald zu manifestieren. Sagt
mir, was ich wissen soll. Das ist meine innigliche Bitte. In reiner Absicht ist es mein Wunsch, weiter in die Neue Energie
zu schreiten. Danke.“

Der Impuls, dieses Buch in die Hand zu nehmen, war die
Eintrittskarte für eine Verabredung mit Kryon, der dich liebevoll an die Hand nimmt, um mit dir den Film deines Lebens
so zu gestalten, wie er für dich passend ist. Vielleicht wird
ein Naturfilm daraus oder ein Liebesfilm oder ein spannender Abenteuerfilm. Dramen stehen allerdings nicht mehr auf
dem Programm. Ich bin Kryon, ein Lehrer des Neuen Zeit-
alters der Erde, wie einige andere auch, und meine Aufgabe
ist es, Menschen, die erwachen, ein Stück weiter in das eigene Licht zu führen. Ich bin auch die Instanz, die dich schon
lange auf deinem Erdenweg begleitet. Wir können nun,
deine geistige Familie und ich, gemeinsam mit dir deinen

Weg ebnen, damit du deine Potenziale siehst und nutzt. Vielleicht wollen durch unsere Verbindung auch neue Potenziale in dein Leben treten.

Die Neue Energie hat etwas Wunderbares in ihrem Rucksack: die allumfassende Liebe. Die Liebe regiert das Universum. Alles-was-ist ist reine Liebe. Dieses Lebenselixier ist in deinem und dem Leben anderer verschüttet gewesen, zugedeckt mit Unrat aus anderen Leben und Dimensionen. Es ist an der Zeit, all das alte Zeug abzuschütteln und deine Schattenanteile zu integrieren, damit die Liebe in dir alles durchfluten kann. Die Liebe ist das größte Werkzeug für dein weiteres Leben. Ohne Liebe geht alles nur halb so gut. Sie ist das Salz in der Suppe und der Pfeffer im Menü des Lebens. Die Liebe ist die Basis für deine Schaffensfreude. Ohne sie gibt es keine klare Schöpferkraft.

Viele Menschen können die Liebe nicht spüren, sie wissen nicht, was wir geistigen Helfer meinen, wenn wir von der „allumfassenden Liebe" sprechen. Es ist dieses innigliche Gefühl, das vom Herzen ausstrahlt und den ganzen Menschen erfassen kann. Dieses Gefühl, das dich durchströmt, wenn du ein Baby im Arm hältst, das du vielleicht soeben gebarst. Oder dieses Gefühl, einen Menschen getroffen zu haben, der dich so annimmt, wie du bist, bei dem du ganz du selbst sein kannst. Oder dieses zarte Gefühl, das dich durchströmt, wenn du eins mit der Natur bist, im duftenden Wald oder auf einer mit Blumen übersäten Frühlingswiese. Es ist das Gefühl, dass alles gut ist, so wie es ist. Dieser wundervolle Zustand weitet sich sanft wie ein Rosenduft von dir auf andere Menschen aus. Mitgefühl und Hingabe sind himmlische Eigenschaften, sie sind die Atome der Liebe. Sie empfinden und leben zu können setzt voraus, dass du dich selbst so annimmst, wie du bist.

Du bist gut, so wie du bist. Das ist eine Weisheit, die du dir auf Zettel schreiben und an einigen wichtigen Stellen deponieren solltest, wo du sie siehst. **Du bist gut, so wie du bist**. Mögen die Prozesse in dir auch noch so heftig sein, das ist nicht von Belang. Der erste Schritt, die Liebe zu erfahren, ist, sich selbst lieb zu haben. Verzeihe dir all deine Erfahrungen, deine Schritte, die scheinbar falsch waren. Sie dienten dir dazu, hier Erfahrungen zu sammeln. Lege deine Scham ab, verzeihe dir. Nimm dich selbst in den Arm und erkenne, dass du ein göttliches Geschöpf bist, erschaffen von der Quelle, von Allem-was-ist. Wie könnte dieses Wesen, das du bist, ohne Liebe sein? Das ist gar nicht möglich. Du bist reine Liebe. Erkenne dich als ein göttliches Wesen, dann durchströmt dich auch die Weisheit, dass du nie allein bist. Und damit wächst die Erkenntnis, dass mithilfe deiner eigenen Göttlichkeit alles möglich ist. Alles ist möglich, begrenze dich nicht. Auch Wunder dürfen jetzt in dein Leben treten. Ist das nicht eine wundervolle Perspektive?

Unsere Begegnung ist jetzt, rein äußerlich, in der Form dieses Buches, beendet. Ich begleite dich gern weiterhin, wenn du mit mir „arbeiten" möchtest, ich bin jederzeit für dich da. Es war mir eine Ehre, dich hier zu treffen und dich ein Stück auf deinem Weg begleiten zu dürfen. Ich freue mich auf unsere nächste Begegnung!

Ich bin in tiefer Liebe und Verbundenheit

Kryon

Liebe Leserin, lieber Leser!

Das Buch ist empfangen. Es war ein Stück Gemeinsamkeit mit Kryon und meinem geliebten Höheren Selbst. Ich bin sehr dankbar für diesen Dienst, Botschaften von Kryon zu erhalten und weiterzuleiten. Und ich hoffe, dass alles Empfangene der göttlichen Wahrheit entspricht.

Gut zu channeln bedeutet, sich ganz auf die höheren Ebenen einzulassen und sich frei von persönlichen Anliegen und Gedanken zu machen. Ich hoffe, dass mir dies immer besser gelingt. Ich bin jetzt seit einigen Jahren unterwegs, um die Botschaften von Kryon zu verbreiten, und spüre, dass mein Kanal, wenn ich das so sagen darf, noch klarer geworden ist. Das hat sicher auch mit meinem persönlichen Prozess zu tun. Die Entwicklung meiner Arbeit, meines Dienstes ist eng verbunden mit meinem eigenen Voranschreiten. Beides ist nicht zu trennen. Vielleicht liegt es auch daran, dass ich mich ganz diesem Dienst verschrieben habe und meinen Fokus darauf richte. Die Verbindung mit Kryon eröffnet mir die Möglichkeit, große Schritte zu tun. Mein Leben hat sich seit der innigen Verbindung zu Kryon, den gemeinsamen Seminaren und Büchern sehr verändert. Dieser Dienst hat Priorität vor allem anderen. Ich bin sozusagen mit Haut und Haaren dabei. Manchmal stelle ich erstaunt fest, dass wirklich alles um mich herum, was ich sehe oder erlebe, in die geistige Arbeit eingebunden ist. Ich erlebe nichts mehr, was nicht mit der Neuen Energie zu tun hat.

Selbst Begegnungen im Bioladen oder bei einer Änderungsschneiderin sind in geistiges Licht getaucht und bringen fruchtbare Erlebnisse mit sich. Die Kassiererin aus meinem Bioladen hatte wohl erfahren, dass ich mit „Engeln" kommuniziere, und fragte mich zwischen Erdbeeren und Milchshake: „Wie ist das denn so mit den Engeln? Kann ich auch mit denen sprechen?" „Natürlich", habe ich ihr vermittelt, „es bedarf lediglich einer reinen Absicht und ehrlicher Hingabe, dann klappt es sicher." Sie strahlte, holte sich noch ein paar Informationen von mir und stürmte später in die nächste Buchhandlung, um sich ein passendes Buch zu kaufen. Ich denke, es war wohl nicht gleich ein Kryon-Buch, das käme möglicherweise verfrüht. Ein Engelbuch zum Schnuppern läge sicher näher. Oder vielleicht doch nicht? Ihre geistige Familie wird sie zu dem passenden Buch geführt haben.

Bei der Änderungsschneiderin war es ein kurzer Austausch über eine leidige Krankheit, der uns in eine tiefere Unterhaltung führte. Mit dem Ergebnis, dass ich ihr die Adresse einer Heilpraktikerin geben durfte, die energetisch arbeitet. Der Schneiderin geht es mittlerweile schon sehr viel besser, sie lacht wieder und überlegt sich, einen Reikikurs zu besuchen. Es ist sicher ein guter Anfang, sich mehr mit sich selbst zu beschäftigen.

Das Geschehen auf der Erde betrachte ich seit langem aus einem anderen Blickwinkel als dem, den uns die Medien vermitteln. Auch wenn das Wetter verrückt spielt, weiß ich, dass gewisse Schritte, die Mutter Erde jetzt macht, für ihre Klärung notwendig sind. Ich weiß aber auch, dass, wenn ich Licht und Liebe in die Erde und in die Katastrophengebiete schicke, eine Bewusstseinsveränderung eintritt. Es nützt nichts, in Trauer oder Dramatik zu verfallen. Jeder Mensch kann durch Bewusstwerdung eine Veränderung des Massenbewusstseins bewirken und somit die Wirklichkeit verändern. Sicherlich muss Mutter Erde sich reinigen, aber wir können durch unsere Kraft und durch Lichtarbeit die Auswirkungen der Reinigung mildern. Das sagt Kryon immer wieder. Die Übungen, die in den beiden Gaia- Kapiteln gegeben sind, können dabei hilfreich sein.

Ich würde mich wirklich freuen, wenn dieses Buch ein bisschen dabei hilft, uns der eigenen Kraft bewusst zu sein. Wir sind die Veränderer der Welt, in der wir leben. Nicht die anderen, wir sind es. Lassen Sie uns gemeinsam große Schritte in unsere Eigenverantwortung gehen. Nehmen wir uns an die Hand – das muss nicht physisch sein – und bilden wir eine Lichterkette um die Erde. Senden wir ihr unser göttliches Licht und die damit verbundene Liebe. Wir haben es in der Hand, wie die Erde ihren Übergang schafft. Wir sind die Pioniere, die gebraucht werden. Packen wir es an.

Ich spüre intensiv die Wellen hoher Energie, die periodisch die Erde und uns durchströmen. Es ist wie flüssige Elektrizität, so fühlt es sich für mich an. Wenn ich in der Stille bin, auch abends im Bett, nehme ich diese Kraft besonders klar wahr. Ich benutze sie, indem ich mich bewusst hineinlege und sie im Geiste bitte, mich insbesondere da zu durchströmen, wo ich noch Störfelder in meinem magnetischen Feld habe oder Unwohlsein verspüre. Wie von Zauberhand arbeitet diese Kraft in und an mir. Nach einer Weile oder am nächsten Morgen fühle ich mich wohl und voller Kraft. Diese Wellen hoher Neuer Energie bewirken natürlich auch, dass Unebenheiten, alte Konditionierungen nach oben kommen und geklärt werden wollen. Kryon sagte einmal in einem Channeling: „ Es ist nicht mehr die Zeit, Altes in die Schubladen zu stopfen, sodass sie fast überquellen. Die Schubladen lassen sich nicht mehr schließen und werden dir immer gegenwärtig sein. Es ist die Zeit, die Schubladen zu leeren und aufzuräumen!" Das bekommt man deutlich zu spüren, nichts lässt sich mehr unterdrücken, verstecken oder verheimlichen. Die Geschehnisse in Politik und Gesellschaft zeigen es uns ganz deutlich.

Beim Empfangen dieses Buches tauchte ich nochmals tief in alte Themen ein. Wenn ich Botschaften von Kryon empfange, gehe ich stets mit hinein. Ich erlebe quasi alles direkt mit. Lemuria versetzte mich in höchstes Entzücken, ich sah und fühlte mich direkt dorthin versetzt und habe es sehr genossen. So kann ich mir vorstellen, in der Zukunft zu leben. Ansätze in dieser Richtung, so habe ich beschlossen, möchte ich jetzt schon in mein Leben integrieren. Atlantis stürzte mich in große Wasserwogen, die nicht enden wollten, und die Panik und die Ängste der vielen ertrinkenden Menschen erlebte ich hautnah mit. Erzengel Michael löste noch alte Bande. Ich zog mich zum Empfangen dieses Buch hier oben im hohen Norden ganz zurück. Ich blieb für mich. Kryon bat darum, dass ich mich mit nichts anderem beschäftigte. Dieses wochenlange Ganz-mit-mir-Sein hat mir tiefe Einsichten und Veränderungen beschert. Ich wünsche Ihnen, dass Sie dieses Buch als ein kraftvolles und wundervolles Werkzeug der Neuen Energie nutzen und große, neue Schritte in Ihrem Leben möglich werden. Vielleicht sind es die Quantensprünge, von denen Kryon so gern spricht.

Der nächste Band dieser Trilogie wird voraussichtlich am 10. November 2008 erscheinen. Kryon hat mir vermittelt, dass dort unter anderem die Themen „Sexualität, weibliche Urkraft, das Kristalline Gitter und die DNS" behandelt werden.

Bis dahin gehen wir frohen Mutes unsere nächsten Schritte und dies tun wir voller Humor und mit viel Lachen. Denn bei den vielen Transformationsprozessen dürfen wir den Humor wirklich nicht vergessen. Lachen macht doch alles viel leichter, oder?

Herzlich
Ihre *Barbara Bessen*

PS: Ich möchte auf diesem Wege all den lieben Helfern danken, die Kryon und mich dabei unterstützen, Channelingabende und Seminare zu geben. Ohne sie könnten sie nicht stattfinden. Aber ich weiß, dass alle Helfer nicht zufällig in die Kryon-/Barbara-Familie gekommen sind, das ist sicherlich geführt, wie so vieles im Laufe der letzten Jahre.

Wenn Sie Lust haben, Kryon und mich direkt zu erleben, schauen Sie auf unsere Internetseite www.kryon-deutschland.de. Dort sind alle Veranstaltungen aufgeführt. Wenn Sie keinen Internetzugang haben, schreiben Sie uns einfach. Wir senden Ihnen die Termine gern zu. Hier unsere Postanschrift:

Kryon-Büro
Barbara Bessen
Postfach 130521
20105 Hamburg
Telefon: 040/79 30 62 39
Fax: 040/79 30 62 41
E-Mail: info@kryon-deutschland.de
Internet: www.kryon-deutschland.de

E-Mail und Web-Adresse voraussichtlich ab Dezember 2007:
E-Mail: info@kryon-deutschland.com
Internet: www.kryon-deutschland.com

Im nächsten Jahr, in 2008, darum bat mich Kryon, werden die Channelings im Rahmen von Zwei-Tages-Seminaren geschehen. Er bat mich außerdem, gern Gäste dazu einzuladen. So wird es sein. Ich freue mich auf Gäste wie Jasmuheen, Ingrid Auer, Siegfried Bader, Helmut Herzog, Renata und Steven Ash und andere. Und wir alle freuen uns auf Ihren Besuch!

Diana Cooper
Dein Aufstieg ins Licht
Schlüssel zur Entfaltung
deines Meisterpotenzials
228 Seiten, Paperback
€ 12,90 (D)/ca. sFr. 23,90
ISBN: 978-3-939570-05-9

Edwin Courtenay
Die Meister erinnern sich
Reflexionen der Aufgestiegenen Meister
über ihre Erdenleben
136 Seiten, Paperback
€ 12,90 (D)/ca. sFr. 23,90
ISBN 978-3-939570-15-8

Anne Brewer
Zwölfstrang-DNS
Das Erbe des Lichts
320 Seiten, Paperback
€ 12,90 (D)/ca. sFr. 23,90
ISBN: 978-3-939570-14-1

John Payne
Die vier Prinzipien der Schöpfung
Material gechannelt von OMNI
239 Seiten, Paperback
€ 12,90 (D)/ca. sFr. 23,90
ISBN: 978-3-939570-06-6

Edwin Courtenay
**Rituale und Gebete
der Aufgestiegenen Meister**
128 Seiten, gebunden, mit
3 farbigen Symbolkarten
€ 15,90 (D)/ca. sFr. 28,90
ISBN 978-3-929475-41-8

MA'al
Das Licht des Christus
Meditationen des Sanat Kumara
167 Seiten, gebunden
€ 15,90 (D)/ca. sFr. 28,90
ISBN: 978-3-934647-93-0

Tony Stubbs
Handbuch für den Aufstieg
160 Seiten, gebunden
€ 15,90 (D)/ca. sFr. 28,90
ISBN 978-3-929475-42-5

Tashira Tachi-ren
Der Lichtkörper-Prozeß
128 Seiten, gebunden
€ 14,90 (D)/ca. sFr. 27,50
ISBN 978-3-929475-66-1